रेणु की चर्चित कहानियाँ

रेणु की चर्चित कहानियाँ

सम्पादक

दक्षिणेश्वर रेणु

वाणी प्रकाशन

वाणी प्रकाशन
4695, 21-ए, दरियागंज, नयी दिल्ली 110 002

फ़ोन : +91 11 23273167 फ़ैक्स : +91 11 23275710

शाखाएँ

अशोक राजपथ, पटना 800 004, बिहार

कॉफ़ी हाउस कैम्पस, महात्मा गांधी मार्ग, इलाहाबाद 211 001, उत्तर प्रदेश

महात्मा गांधी अन्तरराष्ट्रीय हिन्दी विश्वविद्यालय, वर्धा 442 001, महाराष्ट्र

सुल्तानिया रोड, मोतिया पार्क, भोपाल 462 001, मध्य प्रदेश

www.vaniprakashan.com
marketing@vaniprakashan.in
sales@vaniprakashan.in

RENU KI CHARCHIT KAHANIYAN
Edited by Dakshineshwar Renu

ISBN : 978-81-8143-989-5
Collection of Stories

संस्करण 2009, 2012
आवृत्ति 2020

मूल्य : ₹ 95

सिटी प्रेस, दिल्ली-110 095 में मुद्रित

वाणी प्रकाशन का लोगो मक़बूल फ़िदा हुसेन की कूची से

भूमिका

हिंदी साहित्य में अमर कथा शिल्पी फणीश्वरनाथ रेणु सदा के लिए स्थापित रहेंगे। सिर्फ कथाकार के रूप में ही नहीं बल्कि कुशल गल्पकार, फिल्मकार, गीतकार (जिसकी विशेषता उनकी कहानियों में भी झलकती है) के रूप में भी जाने जाते हैं। रेणु का साहित्य असहज होकर भी सहज लगता है। पात्रों के विशाल जुलूस को एक साथ संयमित कर कुशल नेतृत्व प्रदान करना आसान काम नहीं है। चिरई-चुरमुन तथा पशु भी रेणु की कहानियों के पात्रों की श्रेणी में आते थे। इनसे भी रेणु बड़े खूबसूरत ढंग से जो चाहते कहलवाते एवं करवाते थे। यह रेणु का एक विशिष्ट लेखन शैली प्रयोग था। वे अपने समय के एक प्रयोगवादी कथाकार थे जिसे उन्होंने सिद्ध भी करके दिखलाया। प्रायोगिक तौर पर रेणु हिंदी जगत् के पहले आंचलिक कथाकार थे जिन्होंने 'मैला आँचल' उपन्यास में एक खास भाषा एवं विशेष प्रकार की लेखन शैली का आविष्कार किया। रेणु का साहित्य सिर्फ भारत में ही नहीं बल्कि दुनिया के कोने-कोने में पढ़ा और पसंद किया जाता है। रूसी, जर्मन, नेपाली एवं कई अन्य भाषाओं में रेणु के उपन्यासों का अनुवाद किया जा चुका है।

रेणु की कई कहानियाँ भी काफी चर्चित रही हैं। 'रेणु की चर्चित कहानियाँ' शीर्षक नाम का इस पुस्तक में मैंने चर्चित कहानियों को एक साथ संग्रह करने की कोशिश की है।

—दक्षिणेश्वर रेणु

अनुक्रम

आत्म-साक्षी

भात की हाँड़ी से उबले हुए आलुओं को निकालकर छील रहा था गनपत, कि बाहर किसी ने खखासकर अपने आने की सूचना दी—सूचना नहीं, चेतावनी। उसने पूछा, "कौन है?"

"कौन हैं अंदर? गनपतजी? ...इधर ऑफिस में अँधेरा क्यों है? लालटेन दे जाइए इधर।"

गनपत को अचरज हुआ। कॉमरेड बलरामजी कब आये पटना से? और कॉमरेड लोग अभी रैली से लौटे नहीं। बलरामजी कब और कैसे लौट आये?

उसने आलू की टोकरी को थाली से ढँक दिया, और लालटेन लेकर बाहर आया।

"लाल सलाम, साथी! कहिए रैली का कुशल-समाचार!"

बलराम का लटका हुआ मुँह देखकर गनपत का हुलसा हुआ मन अचानक बैठ गया। बलराम की विकृत मुख-मुद्रा को देखकर उसका जी धड़का।... लक्षण अच्छे नहीं।

"ऑफिस खोलिए जरा।"

गनपत ने मन-ही-मन कहा, 'जरा क्यों! पूरा ही खोल देता हूँ। मुँह-नाक इस तरह सिकोड़कर क्यों बतियाते हैं?'... पटना एक बार पहुँचते ही साथियों को न जाने क्या हो जाता है!

उसने ऑफिस नामक झोंपड़ी का दरवाजा खोल दिया। कई दिन से बन्द कमरे से एक गुमी हुई गंध निकली। लालटेन की रोशनी दो-तीन बार भुकभुकाकर काँपने लगी।

बलरामजी ने अपने मुँह को और भी बिगाड़कर कहा, "लालटेन में तेल है या पानी? एक चिमनी क्यों नहीं खरीद लेते?"

गनपत को भात की याद आयी। ठंडा भात वह नहीं खा सकता। खाते ही 'बाय' उखड़ जाता है। उसने रसोईघर की ढिबरी जलाते हुए कहा, "तेल और चिमनी की बात पूछते हैं कॉमरेड तो पहले हमको भोजन कर लेने दीजिए, तब जवाब देंगे। ...आप चाह-चू पीजिए तो बोलिए, पानी चढ़ा दें। चूल्हे में आग है। पुड़िया में थोड़ी पत्ती और कागजी नीबू भी है।"

चूल्हे पर अलमूनियम की काली देगची चढ़ाकर गनपत ने जलावन को धधकाया, और आलू निकालकर छीलने लगा। ...आलू का भुर्ता और गरम-गरम भात! गनपत के लिए इससे बढ़कर लोभनीय पदार्थ इस संसार में और कुछ नहीं। कुसमी कहती है कभी-कभी, 'भुता खौका मरद!' और गनपत हँसकर जवाब देता है, 'भतार-खौकी!' बलरामजी ने 'खखास' कर चेतावनी दी थी उस समय। यदि अन्दर कुसमी होती उस समय, तो गनपत का चेहरा लाल हो जाता, और वह जोर-जोर से बेवजह कुसमी को डाँटने लगता—'काम करने का मन नहीं है तो छोड़ दो। जैसे तुम्हारा बेटा कामचोर, वैसी ही तुम।' कुसमी हँसती हुई, घूँघट के नीचे से जवाब देती...।

भुर्ता बनाते समय गनपत को आज के अखबार में पढ़ी हुई बात याद आयी—'हमारे जवानों ने दुश्मनों के टैंकों का भुर्ता बना डाला...।'

तेल, प्याज, मिर्च और धनिया की कतरी हुई पत्ती को भुर्ता में मिलाकर उसने गोला तैयार किया। पीतल की चमचमाती हुई थाली में भात डालते समय भाप की महक उसके तन-मन में समा जाती है। भात की यह ललचानेवाली गंध उसे सबसे पहले सन् तीस में लगी थी—स्वयं-सेवक शिविर में। तब से आज तक न जाने कितने आश्रम, शिविर, रैली, सम्मेलन और जेलों के सामूहिक भोजनालयों में गनपत ने पत्तल जूठा किया है, मगर ऐसी गंध क्या हर जगह और हर रोज मिलती है?

तृप्तिपूर्वक पेट-भर भोजन कर लेने के बाद गनपत ने जूठी थाली और जूठे चौके को माँज-धोकर पवित्र किया। सुबह कुसमी आकर चिकनी मिट्टी से लीप-पोत देगी। उसने पुकारकर कहा, "शोभित लाल! भात ले जा रे!"

काठ के बक्स से प्याली निकालकर बलरामजी के लिए नीबूवाली चाय तैयार की गनपत ने। फिर भुने हुए सौंफ की बुकनी मुँह में डालकर, हाथ में चाय की प्याली लेकर वह ऑफिस-घर में आया। सौंफ की बुकनी के अलावा किसी किस्म की लत नहीं है गनपत को। न बीड़ी-सिगरेट पीता है, न पान-तंबाकू खाता है।

चाय की पहली चुस्की लेते ही बलरामजी का बिगड़ा हुआ मुखड़ा सुधर गया। चमड़े के थैले में कागज-पत्तर डालते हुए बलरामजी ने पूछा, "आप खुद क्यों खाना बनाते हैं? शोभित की माँ क्या करती है?"

गनपत कूट-भरी बोली का मतलब समझता है। अर्थात् तीन रुपये महीना शोभित को और पाँच रुपये माहवार उसकी माँ कुसमी को किस काम के लिए दिये जाते हैं?

बलरामजी ने दूसरा सवाल किया, "तब? ...इधर कुछ चन्दा-फन्दा वसूल हुआ है, या...?"

गनपत ने डकार लेते हुए कहा, "वही तो कह रहा था, कॉमरेड...!"

बलराम ने टोक दिया, "देखिए, आप इस तरह बात-बात में कॉमरेड जोड़कर क्यों बोलते हैं?"

"कॉमरेड को कॉमरेड न कहें तो क्या कहें? और यह कुछ नयी बात तो नहीं। सन् तीस से ही जब से 'पाटी' का प्लेज लिया, तभी से कॉमरेड...।"

"तब की बात छोड़िए। आजकल कोई नहीं बोलता। ...आपकी बोली सुनकर लोग हँसते हैं, इसी के चलते।"

"इसमें हँसने की क्या बात है?"

"खैर, बहस छोड़िए? आपसे बहस में कौन पार पाएगा? हाँ, तो क्या कह रहे थे आप चन्दा के बारे में?"

"कहना क्या है? पिछले छै महीने से साहू की दुकान का बकाया बढ़ते-बढ़ते ढाई सौ पर पहुँच गया है। जिला रैली के समय टीसन के मारवाड़ी का पचास रुपया बकाया अब तक चुकता नहीं हुआ। पाट के समय चंदा की उम्मीद थी मगर भुखमरी के समय कौन माँगता है, और कौन देता है चंदा? अब धान का समय आया है तो सभी कॉमरेड साथी महीना-भर से 'फिड़ाड़' हैं...।"

बलराम चौंका—"फिरार? कौन है फिरार?"

गनपत मुस्कुराकर बोला, "फिड़ाड़ माने वह फिड़ाड़ नहीं। माने अभी सभी कॉमरेड क्षेत्र से बाहर हैं।"

बलरामजी गंभीर हो गये। उठते हुए बोले, "गनपतजी, आप ठीक कहते हैं। लगता है, सभी अब फिरार हो जाएँगे।"

"मतलब?"

"मतलब आप समझकर क्या कीजिएगा। वह सब 'हाई लेवेल' और 'सिद्धांत की लड़ाई' की बात आप क्या समझिएगा?"

गनपत और कुछ समझे या नहीं, आदमी के मन की बात को पढ़ना जानता है। बलरामजी की बात में उसको एक खास किस्म की 'झाँस' लगी। ...आलू के भुर्ते में खराब तेल की गंध?

हाई लेवेल! बलराम अंग्रेजी पढ़ा-लिखा नहीं है तो क्या? सैकड़ों अंग्रेजी के शब्दों का मतलब वह समझता है। बोलता है—केपिटलिस्ट, बुर्जुआ, प्रोलेतारियत, कुलक, रिएक्शनरी, गांधियाइट, पीस, पार्टी-लिटरेचर, और भी अनेक शब्द।

बलरामजी ही नहीं, सभी 'नये कॉमरेड' गनपत को तीन कौड़ी का आदमी भी नहीं समझते हैं। अभी साथी जियाउद्दीन या शैलेंदरजी अथवा गोपालजी होते तो क्या किसी रैली से या मीटिंग से लौटकर इसी तरह मुँह लटकाकर, भौंह चढ़ाकर बातें करके घर चले जाते—बीवी के पास सटकर सोने? ऑफिस सेक्रेटरी

बलरामजी का जब से गौना हुआ है, सूरज डूबने के पहले ही ऑफिस बन्द करके घर भाग जाते हैं।

इधर कई वर्षों से गनपत को लगता है कि हर तरफ एक मनहूसियत घनी होकर छा रही है। कहीं किसी के मन में किसी बात के लिए उत्साह नहीं। आखिर यह रोग गनपत की 'पाटी' को भी लग गया? इस बार जिला कान्फ्रेंस में वह जी खोलकर इस सवाल को पेश करेगा।

वह जानता है कि सवाल पेश करने के लिए वह ज्यों ही उठेगा, नवतुरिया कॉमरेड लोग आपस में फुसफुसाकर मुस्कुराने लगेंगे, कपट-खाँसी खाँसेंगे, और कोई-कोई चिल्लाकर कहेंगे, 'कॉमरेड गनपत! यह सवाल कलचरल प्रोग्राम के समय स्टेज पर पेश कीजिएगा।'

"हूँ! स्टेज पर! स्टेज...।"

उँगलियों पर जोड़ने की जरूरत नहीं। गनपत का सबकुछ जोड़ा हुआ है। पैंतीस साल पहले वह सबसे पहले आर्यसमाजी सभा-मंच पर खँजड़ी बजाकर 'अछूतोद्धारवाला गीत' गाने के लिए खड़ा हुआ था।

उस सभा की याद आते ही परबतिया की याद आ जाती है, जिसके हाथ का पानी पीने से जाति मारी जाए, प्रेम में पड़कर गनपत ने 'नीच कुल' की उसी परबतिया के मुँह का 'चुम्मा' लिया था। 'सत्त' किया था—सबकुछ छूट जाए, परबतिया को वह कभी नहीं छोड़ेगा। जाति-समाज के अलावा घर के लोगों ने गनपत को तरह-तरह की यातनाएँ दीं। गनपत ने हारकर आर्यसमाज के मंत्री के पास अरजी दी। लेकिन तब तक परबतिया का बाप परिवार सहित गाँव छोड़कर भाग गया था।

गनपत फिर लौटकर घर नहीं गया, गाँव नहीं गया। माँ-बाप, भाई-बहन, कुटुम्ब-परिवार, गाँव-समाज—सबसे 'नेह-छोह' तोड़कर 'देश' और 'दस' के काम में लग गया। जहाँ कहीं भी सभा होती, गनपत सबसे पहले हाथ में खँजड़ी लेकर गीत शुरू कर देता—'हिंदुओ! दिल में सोचो-विचारो जरा—अपने भाई से नफरत...।'

और सन् तीस में इसी गीत को गाने के अपराध में वह पकड़ा गया, जेल गया, सजा भोगी। उसी बार जेल में ही सरमाजी की कृपा से वह कॉमरेड हो गया...।

सरमाजी ने उसकी 'टिक्की' को दाढ़ी बनाने वाली 'पत्ती' से कतर दिया था, और जनेऊ को उतारकर पैजामा में फँसा दिया था। और बोले थे, "आज से तुम कॉमरेड गनपत। सिंघ-उंघ कुछ भी नहीं। सिर्फ कॉमरेड...।"

याद है, बावनदास और चुन्नीदास ने मिलकर गनपत को कितना 'धिक्कारा' था! मगर वह टस-से-मस नहीं हुआ। उसने बावनदास को चिढ़ाने के लिए सरमाजी से

सीखा हुआ सवाल पेश कर दिया था—"बावनदासजी, चर्खा चलाने और बकरी का दूध पीने से सुराज कैसे मिलेगा, समझा दीजिए जरा।"

जेल से निकलने के बाद सारे जिले में गनपत ही अकेला 'पाटी कॉमरेड' रहा कई वर्षों तक। एक ही साल में बिहार प्रांत के कई 'किसान फ्रंट' और मजदूर-मोर्चों पर पहुँचकर गनपत ने मेहनतकशों की लड़ाई में साथ दिया, नारा लगाया, धरना दिया, खँजड़ी बजाकर गीत गाये, अछूतोद्धार के बदले सरमाजी का सिखाया हुआ 'अंतर्राष्ट्रीय-गीत' गाया—'उग रहा है आफताब लाल-लाल आफताब... जाग रे किसान भाई, जाग! जाग रे मजदूर भाई, जाग...!'

वैष्णव माँ-बाप का बेटा गनपत! जन्म से ही वैष्णव था। जिसको कहते हैं 'गर्भदास'। सो सरमाजी ने जब परीक्षा ली तो वह खरा उतरा। ...मुर्गी का अंडा नहीं, बिना किसी घृणा और संकोच के वह 'मुर्गमुसल्लम' खा गया था। सरमाजी बोले थे, "शाबाश कॉमरेड! तुम जन्मजात इन्कलाबी हो!"

स्कूल-कॉलेज के फेलियर लौंडे-लहेंगड़े क्या समझेंगे कि कॉमरेडशिप किसको कहते हैं! ...डेहरी ऑफिस में सात साथियों के बीच बस दो पाजामे, तीन हाफ-पैंट और एक ही धोती। और उसी में सभी साथी मजे में काम चला लेते थे। सप्ताह-भर सत्तू घोलकर पीते थे, प्रेम से मिल-जुलकर। ...अब तो हर रैली के समय पत्तल पर ही 'इन्कलाब' छेड़ देते हैं साथी लोग—"यह क्या बात है? खाने के समय कोई खाये पुआ-पूड़ी, कोई भूजा फाँके? अन्याय है! जुल्म है!"

आज किसी साथी से सभा का ऐलान करने को कहिए, बिना जीप और लाउडस्पीकर के। तुरत तमककर जवाब देगा, "हम क्या 'भोलटियर' हैं?" अपनी पार्टी की सभा का ऐलान करने में इन्हें लाज आती है। पार्टी का झंडा कंधे पर लेकर चलने में इज्जत चली जाती है। गनपत ने अकेले ढोल बजाकर मुनादी और ऐलान किया है—"भाइयो! देश की गरीबी को दूर करने के लिए, पूँजीवाद का खात्मा करके किसानों और मजदूरों का राज कायम करने के लिए, आज चार बजे दिन में...!"

और गनपत नहीं होता तो उस गाँव में यह 'शहीद किसान आश्रम' कभी खुलता भी? तीन-तीन नामी जुल्मी और जालिम जमींदारों के इस खूनियाँ इलाके में किसी पार्टी का 'वर्कर' कभी खाँसी करने के लिए भी नहीं आता था—डर के मारे। दिन-दहाड़े मारकर लाश को गायब कर देनेवाले तीनों जमींदारों की आठ-सौ एकड़ जमीन पर 'बकाश्त-संघर्ष' छेड़ने का प्रस्ताव पास करके 'पाटी' चुपचाप महीनों बैठी रही। न किसी बहादुर कॉमरेड का कदम कभी आगे बढ़ा, और न कोई क्रांतिकारी किसान आगे आया। तब गनपत ने ही बीड़ा उठाया था। ...जमींदार के सिपाहियों ने अपनी समझ में उसको मारकर फेंक दिया था। मगर गनपत मरते-मरते जी गया था।

होश में आते ही वह अस्पताल में नारे लगाने लगा था—'बकाश्त आन्दोलन जिंदाबाद! बिसनपुर के किसान जिंदाबाद!' यदि गनपत उस दिन घायल होकर अस्पताल नहीं पहुँचता तो मामला 'बकाश्त बोर्ड' में कभी नहीं जाता। ...आठ सौ एकड़ जमीन मुफ्त में जीतने के बाद बिसनपुर के किसानों ने दो एकड़ जमीन मिल-जुलकर आश्रम खोलने के लिए दिया—सो भी बहुत कहने-सुनने और 'धिक्कारने' पर।

आश्रम जब से खुला है, जिले-भर के कॉमरेड शुरू अगहन में ही बोरे-बोरियाँ लेकर पहुँच जाते हैं—धान वसूली के लिए। किसी को बहिन की शादी में मदद चाहिए, किसी को 'घर-खर्च' के लिए। गनपत को एक ही साथ अपने इलाके की लाज और पाटी-कॉमरेडों की इज्जत रखनी पड़ती है।

जिले-भर में बस यही एक क्षेत्र है, जहाँ से पार्टी का उम्मीदवार विधानसभा के लिए विजयी हुआ—सिर्फ इसी आश्रम की महिमा से।

लालटेन भुकभुकाकर बुझ गयी। गनपत के मन में अचानक 'निरगुन' की एक कड़ी गूँज गयी—तेरो जनम अकारथ जाय मूरख...!

गनपत ने सपने में देखा—चोर 'पाटी' ऑफिस का बक्सा उठाकर भागा जा रहा है। उसने जोर से पुकारने की चेष्टा की चो-ओ-ओ-ओ! चो-चो-चो...!

गनपत का सपना झूठ नहीं, सच साबित हुआ।

सुबह कॉमरेड चंद्रिकाजी ने आकर महाअशुभ समाचार सुनाया—"पार्टी दो टुकड़ों में बँट गयी।"

गनपत को लगा, कॉमरेड चंद्रिका के मुँह से निकली हुई बात ने वज्रपात कर दिया। कागजात, चंदा-बही, रसीद वाउचर, मोहर—सबकुछ गायब। गनपत ने कहा, "कल पहली पहर रात में कॉमरेड बलराम आये थे...।"

गनपत की बात पूरी भी नहीं हो पायी थी कि कॉमरेड चंद्रिका ने उसके गाल पर कसकर तमाचा जड़ दिया। वह तिलमिलाकर कुछ कहना चाहता था, मगर कॉमरेड चंद्रिका चिल्लाने लगा—"आखिर आपको यहाँ किस काम के लिए रखा गया है? चंदा वसूल कर पेट पालने के लिए सिर्फ! आप जानते नहीं थे कि बलराम डिसिडेण्ट, माने बागी मेम्बरों के साथ है? ऐं?"

"नहीं जानता था," गनपत ने सीधा और सही जवाब दिया, "कौन बागी है, और कौन दागी, यह मुझे क्या मालूम?"

"आप गद्दार हैं," चंद्रिका ने उँगली उठाकर पिस्तौल का निशाना लेने के लहजे में कहा, "आपने पार्टी के साथ गद्दारी की है। आप मक्कार हैं।"

एक-से-एक तेज और नुकीली गाली गनपत की देह में धँसती जा रही है। आस-पास गाँव-भर के लोग—औरत-मर्द जमा हो गये हैं।... गद्दार, मक्कार! फटकार!

कॉमरेड चंद्रिका ने चलते समय चेतावनी दी, "इसका नतीजा बाद में जो कुछ भी हो, मैं अभी आपको बरखास्त करता हूँ। चले जाइए...!"

कॉमरेड चंद्रिका के जाते ही कॉमरेड बलराम अपने नये साथियों के साथ आया। गनपत की डबडबायी हुई आँखें झरने लगीं।

बलराम ने कहा, "कॉमरेड गनपत, रोइए मत। बहादुरी से इन डिक्टेटरशाहों का मुकाबला करना होगा। पेटी-बुर्जुआ के बच्चों ने पार्टी को अपनी जमींदारी समझ लिया था।"

गनपत ने भर्रायी हुई आवाज में कहा, "कॉमरेड बलरामजी, आपने ऐसा काम क्यों किया? यदि जानता कि आप पाटी ऑफिस से सामान लेने आये हैं, तो हरगिज...।"

बलराम के बदले में इस बार बोला अकालू महतो का अधपगला बेटा सुधीर महतो, "गनपतजी, आप डूबकर पानी पीते हैं, और समझते हैं कि बात छिपी हुई है। पार्टी ऑफिस दिन-रात बेवा मुसम्मात के साथ इश्कबाजी करने के लिए नहीं बना है।"

गनपत अब बेपानी हो गया। आम जनता के बीच उसकी इज्जत उतर गयी। उसको नंगा कर दिया सुधीर महतो ने। वह गद्दार है, मक्कार है, बदचलन है। अब क्या रह गया है देखने-सुनने को!

बलराम ने जाते समय लाल रंग के पर्चों का एक बंडल देकर कहा, "आज हाट में स्टेशन पर, हर जगह यह पर्चा बँट जाना चाहिए। समझे?"

गनपत अपनी झोंपड़ी के अन्दर चला गया और बिछावन पर कटे हुए पेड़ की तरह गिर पड़ा। उसकी देह के रोम-रोम में गालियाँ गड़ रही थीं। उसने लाल पर्चे को टटोलकर पढ़ना शुरू किया। पार्टी के कई बड़े लीडरों ने जनता को सावधान किया है—'किसान-मजदूरों के नाम पर, पूँजीपतियों की थैली से पार्टी चलाने वाले धोखेबाजों से होशियार...!'

इससे आगे एक शब्द भी नहीं पढ़ सका वह। गाली-गलौज, कीचड़-गोबर!... सब गुड़-गोबर!

गनपत के पेट में पित्त का प्रकोप शुरू हुआ। अब 'बाय' भी जोर मारेगा। हाँ, मिचली आने लगी।

कौन असली, कौन नकली? कॉमरेड चोरघड़े या कॉमरेड जादव? पिछले साल प्रांतीय किसान सभा का सभापतित्व करने आये थे चोरघड़ेजी। स्वागत-भाषण में

जादवजी ने उनकी कितनी तारीफ की थी!... सब झूठ! और चोरघड़ेजी ने बिहार की पार्टी को देशद्रोहियों का दल कह दिया है इस पर्चे में।

गनपत ने तय किया कि वह पटना जायेगा, दिल्ली जायेगा। हर जगह के बड़े और छोटे साथियों से मिलकर बातें करेगा, रोयेगा, कलपेगा, जनता की दुर्दशा की कहानियाँ सुनाएगा। खँजड़ी बजाकर गीत गायेगा—भैया, झगड़ न जाहु कचहरिया...!

जादवजी और चोरघड़े केंद्रीय पाटी ऑफिस के सामने लड़ रहे हैं। तलवार लेकर एक-दूसरे पर हमला करते हैं, और गनपत उन दोनों के बीच जाकर खड़ा हो जाता है—'सान्ति, सान्ति।' मगर दोनों की तलवार गनपत की गरदन पर।

गनपत की आँखों के आगे पंद्रह साल पहले देखे हुए किसी नाटक का दृश्य उपस्थित हुआ, फिर बिला गया। उसकी देह रह-रहकर सिहरने लगी। मलेरिया बुखार चढ़ने के पहले ऐसी ही सिहरन और कँपकँपी देह को झिंझोड़ जाती है।

गनपत ने कंबल ओढ़ लिया, कै किया, सौंफ की बुकनी मुँह में डालकर लेट गया। सिहरन के बाद तेज बुखार के साथ 'बाय'। वह बकने लगा। चालीस साल के बाद—देश से मलेरिया उन्मूलन के बाद गनपत पहली बार बीमार पड़ा है। इस बीच कभी सिर-दर्द भी नहीं हुआ। उसके मुँह से पहली बार करुण पुकार निकली—"मैया-गे-ए-ए-ए! पारबती—ई-ई-ई!"

उसने देखा, सरमाजी आये हैं, हाथ में लाल-लाल सेब और नारंगी लेकर। फल का रस निकालकर गनपत से कहते हैं—'पी लो, कॉमरेड! कलेजा ठंडा हो जायेगा।' गनपत एक घूँट पीता है। उसका गला जलने लगता है। कड़वा जहर!

परबतिया आयी। पैताने में बैठकर पाँव सहलाने लगी। मगर गनपत के बड़े भाई और बाबूजी हाथ में भाला लेकर आये, और आँखें तरेरने लगे।

रेशम मजदूर यूनियन भागलपुर की हड़ताल! गनपत खँजड़ी बजाकर जुलूस के आगे गा रहा है—'दुनिया के मजदूरो, एक हो...!'

पुलिस आँसू-गैस छोड़ती है। घुड़सवार सिपाही घोड़े को दौड़ाता, हड़तालियों को चाबुक से पटापट पीटता, रौंदता, धूल उड़ाता हुआ चला जाता है।

गनपत जेल के एक गंदे सेल में पड़ा हुआ है। सिर पर पट्टी बँधी हुई है। परबतिया-परबतिया-परबतिया पारो-ओ-ओ...!

सात दिन सताने के बाद 'सतैया बुखार' उतर गया। अस्पताल के डॉक्टर साहब ने जी-जान से इलाज किया। कुसमी कह रही थी—"दो-दो 'जकशैन' एक साथ देते थे

डागडर बाबू।" और इसी डॉक्टर के खिलाफ गनपत ने, बलराम के कहने पर, पर्चा छपाकर बँटवाया था—बिसनपुर अस्पताल के जुल्मी डॉक्टर को जल्दी बरखास्त करो!

सिर्फ सात दिन का बुखार नहीं, गनपत को लगता है, पैंतीस साल से चढ़ा हुआ ज्वर आज उतरा है। इतने दिनों तक एक 'अंध सुरंग' में वह चल रहा था—बेमतलब, बेकार, अकारथ।

कुसमी गरम दूध में धान का लावा डालकर ले आयी। "डागडर साहब बोले हैं कि पथ्य में माँगुर मछली चाहिए। शोभित को भेज दिया है। साँझ होते-होते एकाध सेर मछली जरूर ले आवेगा।"

फिर कुसमी बोली, "सात दिन में गाँव का बच्चा-बच्चा आकर देख गया, कुसल पूछ गया। मगर कोई 'साथी कामरेट' झाँकी मारकर देखने के लिए भी नहीं आया। कल बलराम बाबू आकर कह गये हैं कि 'गनपत को अपने घर ले जाओ। पाटी आफिस खाली कर दो। उसको बरखास्त कर दिया गया है।' "

परिवार, जाति, धर्म, समाज, सरकार और हर अन्याय, अत्याचार से हमेशा लड़नेवाला लड़ाकू गनपत आज अखाड़े में हारे हुए पहलवान की तरह पड़ा हुआ है। सभी उसकी पीठ पर एक लात लगाकर, गाली देकर चले जाते हैं। ...पैंतीस साल तक साधु-संन्यासियों की तरह लंगोटबन्द रहकर, जीभ-मुँह और मन में लगाम लगाकर, उसने पब्लिक का काम किया। किसी का एक तिनका न चुराया, न पार्टी का एक पैसा गोलमाल किया। माँ-बाप, भाई-बहन, गाँव-समाज और परबतिया से भी बढ़कर पार्टी और पार्टी के झंडे को प्यार किया। सब बे-का-र...!

गनपत को लगता है कि चाँद-सूरज में भी दरार पड़ गयी है। दुनिया की हर चीज आज दो भागों में बँटी हुई-सी लगती है। हर आदमी के दो टुकड़े, दो मुखड़े और दरका हुआ दिल।

जिन बातों को आज तक पूँजीपतियों और साम्राज्यवादियों और जंगबाजों की बात समझकर अनसुनी कर देता था, आज वे ही बातें बार-बार याद आती हैं—

गनपत, तुम्हारे लीडर लोग, यानी तुम्हारी पार्टी, जाति और धर्म को अफीम कहती है। मगर तुम्हारे लीडर लोग अपने बच्चे-बच्चियों की शादी किसी दूसरी जाति में क्यों नहीं करते? लड़के की शादी में कॉमरेड रामलगन सरमा ने पचीस हजार रुपये तिलक में गिनवा लिया। तुम्हारे लीडरों के बच्चे दार्जिलिंग और देहरादून में पढ़ते हैं। तुम्हारे सेक्रेटरी की बीवी कांग्रेसी-मिनिस्टर होने के लिए **जाति की गुटबंदी** करती है। तुम्हारे तूफानजी ने मिल-मालिक से मिलकर मजदूरों की गर्दन पर छुरी...!

गनपत के सामने एक-से-एक बड़े कॉमरेड की तस्वीर उभरती है—चोरघड़ेजी, जादबजी, गोपालजी, सिनहा साहेब, ठाकुरजी, तूफानजी। सभी तस्वीरों के मुँह से बस एक ही बात निकली है—"हम गलत रास्ते पर थे...।"

एक अंध-सुरंग से बाहर निकलकर गनपत बेदम पड़ा हुआ है। उसके पीले मुखड़े पर उसकी खिचड़ी मूँछ लटकी हुई हैं। ...पैंतीस साल तक वह गलत रास्ते पर गलत दिशा की ओर चलता रहा। न जाने उसने कितनी गलतियाँ कीं! न जाने कितने लोगों को गुमराह किया!

यदि परबतिया का पेट गिराया न जाता तो उसकी संतान पैंतीस साल की होती। यदि बेटा होता तो बलराम की उम्र का होता अब।

परबतिया को उसने धोखा दिया। पहली गलती, जिसका फल वह आज तक भोग रहा है।

कुसमी पिछले पाँच साल से गनपत से प्रेम-भाव का बरताव करती है। गनपत सबकुछ समझकर भी कुछ नहीं समझने का भाव दिखलाता है। मगर बेवा कुसमी सतीनारी की तरह टुकुर-टुकुर उसका मुँह देखती रहती है। तिस पर अकालू महतो का पियक्कड़ बेटा ताना मार गया—बेवा मुसम्मात के साथ इश्कबाजी...!

कुसमी भरथा नाई को बुला लायी। हजामत बनाते समय कुसमी ने कहा, "मूँछ भी छाँट दो। दूध-बार्ली पीते समय 'लस्टम-पस्टम' हो जाती है...।"

आलू का भुर्ता और गरम भात खाकर मुँह का कसैलापन दूर हुआ। सौंफ की बुकनी मुँह में डालकर, उसने आईने में अपना मुखड़ा देखा। ...आश्चर्य! उसका मुँह ठीक उस मरियल घोड़े की तरह लम्बा हो गया है, जिसके (पैंतीस साल पहले) अगले दोनों पैरों को 'छान' कर कसाई मालिक ने छोड़ दिया था। जमीन पर लेटा हुआ, 'हुकुर-हुकुर' करके साँस लेता हुआ, टाँगों को झटकारता! कौओं ने जिसकी देह में न जाने कितने घाव कर दिये थे। पर परबतिया हँसिया लेकर दौड़ी गयी थी। पैरों के बंधन कट जाने के बाद, 'मरतुहार' घोड़ा बैठ गया था, सिर झुकाकर।

फिर धीरे-धीरे धरती को सूँघने लगा था...।

गनपत ने धीरे-धीरे अपने पैर फैलाये।

बाहर कॉमरेड चंद्रिका की आवाज सुनायी पड़ी। एक लाल पगड़ीवाले सिपाही ने झाँककर अँगनाई की ओर देखा और बोला, "चपरासी साहेब त ऽ होने चटाई पर पैर पसार के पसरल बाड़न।"

थाने के दारोगा और सिपाही को देखकर गनपत की खाली, खोखली काया में कुछ भरने लगा। उसकी शिराओं में झनझनाहट शुरू हो गयी। उसने एक बार कॉमरेड

चंद्रिका की ओर देखा। दारोगा साहेब ने कहा, "देखो जी गनपत, तुम आश्रम के चपरासी हो न?"

"तुम-ताम मत बोलिए। मैं चपरासी नहीं किसी का।"

दारोगा ने चंद्रिका की ओर देखा।

चंद्रिकाजी बोले, "देखो गनपत, दारोगा साहब आश्रम पर दफा 144 लगाने आये हैं। तुम...!"

गनपत अब अच्छी तरह सँभल चुका था। उसने स्वस्थ और निडर स्वर में जवाब दिया—"यहाँ आश्रम कहाँ है? यह मेरा घर है। मेरी जमीन है। यह सार्वजनिक सम्पत्ति नहीं, किसी पाटी-बन्दी का अखाड़ा नहीं।"

पुलिस का सिपाही अँगनाई की ओर झाँककर कुछ देख रहा था। गनपत ने कड़ककर कहा, "ए सिपाही जी, उधर 'जनाना हबेली' में क्या ताक-झाँक कर रहे हैं? नौकरी भारी हुई है क्या?"

दारोगा ने पूछा, "तुम... तुम्हारे... आपके पास कोई सबूत है?"

"सबूत? कैसा सबूत! कागजी या जुबानी! गवाही? ...शोभित की माँ, मेरी झोली इधर दे जाना।"

शोभित की माँ, यानी कुसमी घूँघट काढ़कर, बाहर आयी। गनपत झोली से अपना 'पोथी-पत्तर' निकालने लगा—'मार्क्सवाद की मोटी बातें', 'किसानों और मजदूरों के गीत', 'जालिम जमींदरवा...' गीत, बैजवाड़ा का मशहूर प्रस्ताव, तैलंगाना की लाल भवानी, शहीद फिल्म के गाने, 'देश के दुश्मन', गनतंत्र..."यह लीजिए कागजी सबूत। और जुबानी गवाही? गाँव के बच्चे-बच्चे से पूछ लीजिए।"

दारोगा साहब ने दस्तावेज के मुड़े हुए पन्नों को सीधा करके शुरू से अन्त तक पढ़ा। फिर मुस्कुराकर, चंद्रिकाजी की ओर देखने लगे, "यह तो ठीक ही कहता... कहते हैं। जमीन-जायदाद सब इन्हीं के नाम से रजिस्टरी हुआ है।"

चंद्रिकाजी अब चिल्लाने लगे—"बेईमान कहीं का! 'पब्लिक प्रापर्टी' को हड़पना चाहता है? देखना है कि तुम...!"

गनपत उठकर खड़ा हो गया। "पब्लिक का नाम मत लो चंद्रिका, पब्लिक अंधी नहीं, सबकुछ देखती है, समझती है। अपने 'स्वारथ' के लिए पाटी को टुकड़े-टुकड़े करनेवाले...!"

कुसमी अंदर से ही बोली, "इन लोगों के मुँह लगने की क्या जरूरत? डागडर साहब ने मना किया है न! ...'लड़ि मरे बरदा, और बैठा खाय तुरंग।' "

किन्तु गनपत ने तब तक नारा बुलंद कर दिया था—"इनकिलाब, जिंदाबाद!... फूटपरस्तो, मुर्दाबाद! ...पाटी के दुश्मन, सफेदपोश।"

एकत्रित भीड़ में तुरंत उत्तेजना की लहर दौड़ गयी। लोगों ने गनपत के साथ नारा लगाना शुरू किया तो दारोगा साहब जल्दी से बाहर चले गये। उन्होंने चंद्रिका से अंग्रेजी में कुछ कहा।

सिपाही ने घबराकर कहा, "हुजूर, यह पाटीवालों का घरेलू झगड़ा है। अब यहाँ ठहरिएगा तो मामला बिगड़ जायगा।"

दारोगा और चंद्रिका के जाने के बाद एकत्रित लोगों ने जय-जयकार किया, 'बोलिए एक बार प्रेम से—गनपतजी की जै! किसानों के नेता—गनपतजी! मजदूरों के नेता—गनपतजी! गनपतजी जिंदाबाद! जो हमसे टकराएगा, चूर-चूर हो जायेगा!'

पैंतीस साल में पहली बार अपनी 'जय' और 'जिंदाबाद' के नारे सुनकर गनपत का दिल उमड़ आया।

कोलाहल और कलरव के बीच किसी ने भाषण देना शुरू कर दिया—"भाइयो, इस बार ग्राम-पंचायत के चुनाव में, मुखिया के चुनाव में, इन लंबे कुरते और पाजामेवाले फोकटिया बाबुओं के छक्के छुड़ा दो। ...आज रात यहाँ खूब धूम से 'किसान कीर्तन' होना चाहिए।"

जब सभी चले गये, और एकांत हुआ, तो गनपत ने झोंपड़ी के अंदर से आवाज दी—"शोभित की माँ! ...जरा इधर आना।"

कुसमी अंदर गयी। गनपत का चेहरा देखकर वह डरी—फिर बुखार आ गया क्या? उसने गनपत के कपाल पर हाथ धरा। गनपत ने कुसमी की कलाई पकड़ ली। उसके ओंठ थरथराये। उसने कुसमी के चेहरे को अपने मुँह के पास खींच लिया। काँपती हुई आवाज में बोला, "कुसुम... लेकिन यह पाप है, अन्याय है। पब्लिक की संपत्ति, पाटी की जमीन... आश्रम में... यह पाप—यह घोर पाप है...!"

कुसमी को भुने हुए सौंफ की गंध बहुत भली लगी। वह मान-भरे स्वर में बोली, "कैसा पाप? चंद्रिका बाबू ने पाटी के चंदे से पुरैनियाँ में पुख्ता घर बनवा लिया। रामलगन बाबू ने जमींदारों से घूस लेकर गरीब रैयतों के मुकदमों को खराब कर दिया। सो...।"

"कुसुम, लोग कुछ भी करें। मुझसे यह पाप-कर्म नहीं होगा। तुम मुझे... तुम मुझे जिलाना चाहती हो तो अपनी झोंपड़ी में ले चलो।"

कुसमी ने कुछ क्षण गनपत की डबडबायी हुई आँखों और तमतमाये हुए चेहरे को देखा। फिर बोली, "और... यह आश्रम?"

"मैं जमीन वापस दे दूँगा लोगों को। दस जन की दी हुई चीज 'धर्मदा' होती है। इसे अकेला भोगनेवाला कभी सुख-चैन से नहीं रह सकता। ...और अब मुझसे पब्लिक का काम नहीं हो सकेगा। जब पाटी ही टूट गयी...!"

वह बच्चों की तरह हिचकियाँ लेकर रोने लगा।

कुसमी अपने गंदे आँचल से गनपत के आँसू पोंछती हुई बोली—"रोइए मत।"

गनपत ने कुसमी को छाती से चिपका लिया। ...आह! पैंतीस साल के बाद औरत की छाती की गरमी उसकी देह में पहली बार आँधी की तरह समा गयी। उसने कुसमी के काले-काले ओठों को चूमने के लिए मुँह बढ़ाया, किंतु रुक गया।

"नहीं कुसुम यहाँ नहीं...। यहाँ नहीं... चलो अपने घर। यहाँ एक क्षण भी रहने का मुझे अधिकार नहीं।"

कुसमी उठ खड़ी हुई। गनपत का हाथ पकड़कर उठाते हुए बोली, "चलो।"

"माँ! मैया! देख, कितनी मछली ले आया हूँ।"

शोभित ने बाँस की टोकरी सामने रख दी। काली-काली माँगुर मछलियाँ छलमलाने लगीं।

कुसमी बोली, "मछली का सगुन सुभ होता है।"

गनपत हँसा।

कुसमी ने अपने इकलौते जवान बेटे से कहा, "बबुआ, तुम काका को सहारा देकर ले चलो। मैं बिछावन समेटकर ले आती हूँ।"

शोभित ने अपनी माँ का मुँह देखते हुए कहा, "कहाँ?"

गनपत बोला, "जहाँ तुम्हारा जी चाहे, बेटा!"

गनपत ने एक बार उलटकर देखा। पार्टी का झंडा बदरंग होकर भी फड़फड़ा रहा है, हवा में। उसे लगा कि वह खुद पार्टी का झंडा है, जिसे शोभित कंधे पर ढोकर ले जा रहा है...।

जनवरी, 1965

रेखाएँ : वृत्तचक्र

अस्पताल के सर्जिकल वार्ड से मैं सदा दूर-दूर ही रहा करता था। कभी किसी घायल आत्मीय अथवा बीमार दोस्त को देखने के लिए गया, तो वार्ड के बरामदे पर ही पसीने से लथपथ और सिर में चकराहट, चारों ओर मिट्टी के बरतन-बासन की तरह टूटे-फूटे लोग। सफेद पट्टियों और प्लास्टर से बँधे उनके भंग अंग। कटे-छँटे हाथ या पाँव, चीरे हुए पेट से लगी हुई रबर की नली। पलँग के पास स्टैण्ड से लटकती हुई खून, अथवा प्लाज्मा या सलाइन की बोतल। हवा में ईथर की उत्कट गंध और चीख-कराह-पुकार...इस बार बीमार होकर जब से सर्जिकल वार्ड में भरती हुआ हूँ, सबकुछ सामान्य और श्लील लगता है। घबराहट नहीं। सिर में चक्कर नहीं। कहीं कोई दुर्गंध नहीं। जब से होश में आया हूँ, अपनी हालत पर खुद हँसकर प्राणांतक कष्ट सह लेता हूँ। आज हठात् अपनी इस बेबस अवस्था पर मुझे भीष्म पितामह की याद आयी। महाभारत की वह तस्वीर आँखों के सामने स्पष्ट हो गयी... ब्लड की बोतल, बेड रेस्ट, राइस-ट्यूब, सलाइन की बोतल से लगी रबर की नली मेरे पाँव की नस में बिंधी हुई...उमा से मैंने कहा, "मैं शर-शय्या पर सोये हुए भीष्म पितामह की तरह नहीं लग रहा क्या?"

उमा के होठों पर हल्की-सी मुस्कुराहट दौड़ गयी। वह बोली—कल नाई को बुला लाऊँगी...दाढ़ी कितनी बढ़ गयी है...!

मैंने पहले एतराज जाहिर किया, फिर कुछ सोचकर कहा—आज ही क्यों न बुला लातीं...?

सोचा, आज अगर हजामत नहीं बनी और आज ही कुछ हो गया...कुछ हो गया, साफ-साफ क्यों नहीं कि यदि मर गया, तो आखिरी तस्वीर कितनी बदसूरत उतरेगी। बढ़ी हुई दाढ़ी, खुला हुआ विकृत मुँह, चेहरे पर आतंक...नहीं नहीं, आखिरी तस्वीर में मेरे होठों पर मुस्कुराहट अंकित रहे, मरते-मरते चेष्टा करूँगा... स्माइल प्लीज...!

जलधरजी की याद आती है। जलधरजी की शव-यात्रा की तस्वीरें 'माधुरी', 'फिल्मफेयर', 'चित्रपट' आदि पत्रिकाओं में प्रकाशित हुई थीं, चेहरे पर कैसी शान्ति छायी थी! होठों पर एक अपूर्व मुस्कान, ललाट पर चंदन। फूलमालाओं से ढँका प्रसिद्ध सिने गीतकार जलधर...आँखें मूँदकर किसी मधुर गीत का मुखड़ा सोच रहा हो, मानो!

किंतु पुष्पलाल! अत्याधुनिक विद्रोही कवि, कथाकार पुष्पलाल के एक दर्जन से भी अधिक कैमरावाले मित्र थे। जब वह जीवित था, तो मित्रों ने उसकी कई नंगी तस्वीरें उतारी थीं। किंतु उसकी आखिरी तस्वीर किसी के पास नहीं। किसी ने उतारी नहीं, अथवा उसने मौका ही नहीं दिया। पुष्पलाल के पेट में जब एकाध पेग 'माल' पहुँच जाता, यानी जब वह मौज में आता, तो हर बात के पहले मैथिली की एक भद्दी गाली उगलता—धीचो-ओ-ओ...! सुना है, मरने के पहले उसके मुँह से यह गाली निकली थी। उसके एक मित्र का कहना है कि उसने भगवान को गाली दी थी। वह जिसे भी गाली दे, मैं उसके मरते हुए चेहरे की कल्पना करता हूँ। दोनों होठों को संकुचित करके गोल बनाते हुए वह गाली दागता था—धीचो-ओ-ओ...! सामनेवाले वार्ड में पिछले साल पुष्पलाल ने चोला छोड़ा था। मैं जानता हूँ, मेरी बीमारी का समाचार सुनकर लोगों ने जलधर और पुष्पलाल को याद किया होगा। किसने क्या कहा होगा, अनुमान से ही मैं सही-सही बता सकता हूँ।

उमा इस तरह चिंतित होकर क्यों आ रही है उधर से? कहती है, ब्लड बैंक में 'ओ' ग्रुप का ब्लड नहीं है। कल कोई रक्तदाता 'ओ' ग्रुपवाला नहीं आया, तो क्या होगा...? उमा चिंतित हो फिर उधर चली गयी।

साला! न जाने कैसे-कैसे और किस-किस पेशे के लोगों का खून! एक दिन बाद देकर 300 सी.सी. रक्त शिराओं के द्वारा बूँद-बूँद कर डेढ़ घंटे तक मेरे शरीर के अंदर पहुँचाया जाता है और डेढ़ घंटे तक निश्चल चित लेटा हुआ मैं स्टैंड से लटकती हुई उल्टी बोतल की ओर देखता रहता हूँ। रबर की नली के बीच से लगे काँच के बल्ब में टपकते हुए गाढ़े खून की बूँदों को गिनता हूँ। फिर बूँदों के टपकने के ताल पर मन में मुखरित होनेवाली बात स्वयं ही पद्यबद्ध-सी होती जाती है :

> दौड़ाया जा रहा है रोज/मेरी शिराओं में तीन सौ सी.सी. रक्त
> किसी आततायी आक्रामक बूचड़ ब्रह्मचारी कृपालु ईश्वर का...!

और अब कोई मेरे अंदर ही मुझे गाली देता हुआ कहता है—साले! अब तू कविता करने लगा?

इस बार अस्पताल में होश सम्हालने के बाद ही से ऐसा होता है। मन-ही-मन किसी पंक्ति की आवृत्ति, तुकबंदी और अश्लील मुहावरे गढ़ने का खिलवाड़! अथवा यह भी मेरे मूल रोग का कोई उपसर्ग है? कई बड़ी बीमारियों के बाद ऐसे ही लक्षण प्रकट होते हैं...दाँत से नाखून कुरेदना, बार-बार नाक पोंछना, हाथ की उँगलियों को नचाना, जीभ से होठ चाटना...।

उमा ब्लड का प्रॉब्लेम सॉल्व कर आयी है। उसके साथ मुस्कुराती आयी है एक मोटी अधेड़ बंग-महिला। उमा कहती है—इनका भी 'ओ' ग्रुप है। कई साल से बराबर ब्लड बैंक में ब्लड डोनेट कर रही हैं।

महिला अपने बैग से एक लाल कार्ड निकालकर उमा की ओर बढ़ाती हुई कहती है—एमरजेंसी में ही हमेशा हमारा ब्लड लगता है!

उमा उससे बातें करने लगी। वह कल सुबह आठ बजे आकर ब्लड बैंक में अपना खून दे जायेगी। और, बारह बजे से मेरी नसों में इस स्कूल मास्टरनी का रक्त टपकने लगेगा। वह नमस्कार करके चली गयी, तो मेरा मुँह खुला—औरत का ब्लड? तिस पर इस औरत का...? हरगिज नहीं! कभी नहीं! मैं लूँगा ही नहीं!

उमा चुप रही, तो मैं लगातार दुहराने लगा—मैं लूँगा ही नहीं! नहीं लेना है...नहीं लेना है...नहीं लेना है...!

—क्या लड़कपन कर रहे हो! उमा किंचित् हँसती हुई मुझे डाँटती है।

—मैं हरगिज नहीं लूँगा!

—मत लेना! अभी चुप तो रहो!

—मैं चुप भी नहीं रहूँगा! मैं अभी दूध भी नहीं पीऊँगा! दवा भी नहीं!

उमा फीडिंग-कप में दूध डालकर चम्मच से दवा मिलाती रहती है और मैं कटे हुए रेकॉर्ड की तरह बजता रहता हूँ—दवा भी नहीं! दूध भी नहीं! दवा भी नहीं! दूध भी नहीं...!

यदि नाइट-नर्स मिस नीलम्मा नहीं आ जाती, तो लगातार दस-पंद्रह मिनट तक आँखें मूँदकर इसी तरह बोलता रहता और उमा हाथ के फीडिंग-कप में चम्मच चलाती मुझे डाँटती, पुचकारती रहती। इस लड़की को मैं मन-ही-मन रजनीगंधा की खिली हुई कली कहता हूँ। रात-भर इसी तरह तरो-ताजा यह मंद-मंद मुस्कुराती और मह-मह महकती रहेगी।

—"यह कौन-सा गाना चल रहा था?" नीलम्मा अपनी 'केरालायी हिंदी' में पूछती है।

मेरे मुँह में फीडिंग-कप की टोटी डालती हुई उमा मुस्कुराकर जवाब देती है—"दूध भी नहीं! दवा भी नहीं!"

—"वाह! कित्ता अच्छा गाना है! कल से फीडिंग-कप नहीं, फीडिंग-बॉट्ल ले आइए!" नीलम्मा थर्मामीटर झाड़ती आगे बढ़ आती है। मुझे आज्ञाकारी बालक की तरह दूध पीते देखकर कहती है—"दूध पीके खूब गाना गा!"

उमा और नीलम्मा एक ही साथ हँस पड़ती हैं।

नीलम्मा बुखार मापकर चली गयी, तो उमा उसकी नकल करती हुई बोली—"दूध पीके खूब गाना गा...!"

किंतु मैं हँस नहीं सकता हूँ। गाना, गीत, सांग, म्यूजिक लैब, टेप, रेकार्डिंग, प्लेबैक वगैरह शब्द सुनते ही मुझे हिचकी आने लगती है। हिचकी अर्थात् हिकप, जिसे सात दिन तक, दिन-रात दवा अदल-बदलकर डाक्टरों ने मुश्किल से दूर किया है। हिचकी के बाद मतली, यानी नॉशिया। फिर अंतड़ियों में सोया दर्द धीमे-धीमे शूल बनकर चुभने लगता है। तब शुरू होता है वमन। सब दवा, पथ्य, टेब्लेट्स, ग्रेन्युल्स, पिल्स, कैप्सूल, ड्राप्स एक साथ बाहर! वमन के बाद ही कॉमा, संज्ञा-हीनता!

हिचकी शुरू हुई और उमा ड्यूटी-रूम की ओर भागी। उमा के साथ खुट-खुट करती तेजी से नीलम्मा आती है। मेरी नाड़ी पर उँगली रखती है और फिर तेजी से ड्यूटी-रूम में चली जाती है। निश्चय ही बड़े डाक्टर को कॉल देने...

—"शि-बू-ऊ-ऊ!" लगा, गंगा के उस पार से कोई मुझे पुकार रही है। मैं जवाब देना चाहता हूँ, आवाज नहीं निकलती। आँखें खुलती हैं। मेरे नासाछिद्र में लगी राइस-ट्यूब में मोटी सीरिंज लगाकर नीलम्मा मेरी अंतड़ियों में जमे हुए दूषित-कुपित पित्तज तरल पदार्थ को खींच-खींचकर बाहर निकालती जा रही है। पास खड़े बड़े सर्जन डाक्टर अजय चुपचाप मेरी ओर देख रहे हैं...

पेट का शूल धीरे-धीरे कम हो रहा है। शायद हिचकी रोकनेवाली सूई लगायी गयी है। इस सूई के बाद एक पेग स्कॉच का नशा-सा हो जाता है...जो आज कॉमा में नहीं गया? कॉमा! हास्यरस के उन बनारसी कविजी का नाम भूल रहा हूँ, जिनकी एक कविता की पंक्ति है...जिंदगी एक सेन्टेन्स है...कॉमा फुल-स्टॉप...?

लेकिन मैं कॉमा को समाधि कहता हूँ। मूर्च्छा को सन्यास रोग भी कहा जाता है न! आश्चर्य! बेहोशी में देखते हुए सपनों के दृश्य मुझे विस्तारपूर्वक याद हैं।

देखा, सभी लोग पेट पकड़कर झुके हुए हैं, झुक गये हैं, अचानक जो जहाँ है, वह अपने दोनों हाथ कमर पर रखकर झुका हुआ है। खेत-खलिहान में काम करते हुए लोग, नहर के किनारे खड़े लोग, चने के खेत में साग खोंटती हुई औरतें, सभी दर्द से छटपटा रहे हैं। हवा में एक विचित्र प्रकार की खटास है। सबकुछ खट्टा-खट्टा। हवा का एक झोंका आता है और सभी एक साथ चीखकर और भी झुक जाते हैं। सभी व्यक्तियों के शरीर मुड़कर विकृत स्वस्ति का चिन्ह जैसे...मैंने सुना, कोई रेडियो पर किसी स्टेशन से ऐलान कर रहा है—भाइयो! भाइयो! यह कोई एटॉमिक गड़बड़ी हुई है। जमीन पर पेट के बल लेट जाइए। वैक्वम आ रहा है। वैक्वम! ओ-य-क! ओ-य-क! हजारों लोग एक साथ वमन कर रहे हैं। सभी के मुँह से एक ही शब्द—वैक्वम! वैक्वम! वैक्वम...! किन्तु उमा स्वस्थ है। दौड़ी आ रही है—भयनेई, भयनेई! आर वैक्वम एदिके आसव ना! डरने की कोई बात नहीं, गलती से ऐसा हो गया है। किसने की ऐसी गलती? यह जानलेवा गलती किसकी है? अमरीकी

वैज्ञानिकों की, या रूसी, या चीनी, या पाकिस्तानी, अथवा भारतीय...जुडिशियल इन्क्वायरी हो! गलती करनेवाले को सजा दो! नहीं तो गद्दी छोड़ दो!

समाधि भंग होने पर अपने चारों ओर डाक्टरों को खड़ा देखकर मैं पूछना चाहता था—आखिर किसकी गलती थी? लेकिन कुछ पूछ नहीं सका। ऑक्सीजन-सिलिण्डर लगी हुई नली से मुझे नाथ दिया गया था...।

दूसरा दृश्य...अशोक राजपथ पर एक बड़ा-सा जुलूस आ रहा है। कोई नारा नहीं। शोर-गुल नहीं। जुलूस करीब आता गया। सड़क के दोनों किनारे असंख्य लोग पंक्तियों में खड़े इस जुलूस की प्रतीक्षा कर रहे हैं। किंतु यह जुलूस आदमियों का नहीं, सफेद बत्तखों का है। मुड़ी हुई गरदन, दूध की तरह सफेद डैने, गुलाबी चोंच... हजारों-हजार बत्तखें पैंक-पैंक-पैंक-पैंक-पैंक-पैंक करती हुई अस्पताल की ओर मुड़ गयीं। फिर गंगा किनारे सभी बत्तख पंक्तिबद्ध पानी में उतर गयीं। गंगा के इस पार से उस पार तक बत्तखों का एक पुल बन गया। नीले जल पर सफेद पुल, जीवन्त पुल...पैंक-पैंक-पैंक-पैंक...उमा मुझे हाथ पकड़कर उठाती है— शिबू! ताड़ाताड़ी ओ पारे चलो...शिग्गिर...नइले पुल भेंगे जाब। पैंक-पैंक-पैंक... मैं टटोलकर उमा का हाथ पकड़ता हूँ। बत्तख के डैने मेरे हाथ से फड़फड़ाकर निकल जाते हैं, सशब्द... पैंक-पैंक-पैंक-पैंक...मैं पुकारता हूँ किन्तु उमा जवाब नहीं देती। मैं उमा का नाम लेकर पुकारता हूँ, किंतु मेरे कंठ से भी सिर्फ बत्तखों की बोली निकलती है—पैंप-पैंक-पैंक...!

संज्ञा लौटने पर देखा, मेरे सिरहाने से कोहनी टिकाकर स्टूल पर झुकी बैठी उमा सो गयी है। मैंने उमा को पुकारा, पर मेरे मुँह से निकला—माँ! माँ!

माँ होती, तो इसी तरह झुकी, सिर के बालों में हाथ फेरती हुई कहती—"शिबू रे! अपना गाँव छोड़कर तू यहाँ क्यों आया बेटे? कितना अच्छा था तू! क्या-से-क्या हो गया यहाँ आकर! लौट चल, बेटा! हम नूनभात खाकर रहेंगे, पेड़ के तले सोयेंगे मगर..."

लगता है, आधी रात गुजर गयी। बेड नंबर दस के पास इतनी भीड़ क्यों है? वार्ड-कुली मेरे पलँग के पास से ऑक्सीजन-सिलिंडर घसीटकर ले जा रहा है। लगा, क्राइसिस मेरे पलँग के पास से बेड नंबर दस के पास जा रहा है। फर्श पर भारी लोहे के घसीटने की आवाज से सारा वार्ड आतंकित है। बेड नंबर पाँच पर छुरेबाजी से घायल बिहारशरीफ का टैक्सी-ड्राइवर अचानक चिल्लाना शुरू कर देता है—"कड़ाँ रे, छोटना! कहाँ है चोट्टीवाले! सामने आ! अब निकाल छुरा...!"

बेड नंबर दस के पास अचानक कुहराम! किडनी का मरीज, अस्सी साल का बूढ़ा चल बसा। बेटी, पतोहू, नतनियों और पोतियों की भीड़ ने रोना शुरू किया। और मैं उनका रोना सुनकर समझ जाता हूँ, वे उत्तर बिहार के किसी गाँव के हैं।

पुष्पलाल अक्सर कहता, पता नहीं अपनी बात कहता था या कहीं पढ़ी हुई—कविता लिखने का एकमात्र महान् विषय है मृत्यु!

पुष्पलाल की कविता या कहानी कभी मेरी समझ में नहीं आयी। पुष्पलाल से मेरी पहली मुलाकात कलकत्ता के एक खाँटी-बंगाली बार में हुई थी जहाँ स्पेशल आर्डर देने पर तेल में तली कचरी और माँ काली मार्का देशी माल की बोतल मिल जाती है। करीब एक दर्जन बंगाली छोकरों के बीच कचरी कचरता और गटागट ठर्रा पीता पुष्पलाल अपनी अंग्रेजी कविता जोर-जोर से सुना रहा था, कविता मेरी समझ में नहीं आयी, मेरे पल्ले में दो-तीन शब्द ही पड़े—'औ लुमुंबा-लुमुंबा-लुमुंबा' तथा 'क्रास एंड शिवलिंगा'!

आज दोपहर को हमारे एक परिचित व्यक्ति ने उमा को 'आर्ट एंड आर्टिस्ट्स', अंग्रेजी त्रैमासिक का ताजा अंक भेज दिया है। हमारे किसी शुभचिंतक ने उसमें अपना एक लेख प्रकाशित कराया है, उस लेख में हमारी भी चर्चा की गयी है। मैंने उमा से कई बार पढ़ने को कहा, किंतु वह टालती गयी। बोली—क्या होगा सुनकर? क्या फायदा? कोई गलत थोड़ी लिखा है! तुम लोगों की कीर्ति-कथा...सही-सही...!

उमा की यही आदत मुझे अच्छी नहीं लगती। वह कुछ देर के लिए बाहर गयी, तो मैंने अपने पड़ोसी के नौजवान एटेण्डेण्ट को बुलाकर लेख पढ़ने को कहा। कुछ तो उसके मगहिया उच्चारण के कारण, कुछ अपनी अल्पज्ञता के चलते, मैं लेख का पूरा आनंद नहीं ले सका। हाँ, मूल वक्तव्य समझने में कोई कठिनाई नहीं हुई। लिखने की शैली निश्चय ही प्रशंसनीय थी—तीन साल पहले बंबई में फिल्म के प्रसिद्ध गीतकार जलधर के घर पर साल-भर तक सांध्य गोष्ठी में नित्य चार नामी-गिरामी कलाकार एकत्र होते। वे सभी एक एक्सपेरिमेंटल फिल्म बनाने के सिलसिले में, पटकथा, संवाद तथा गीतों के बोल पर बहस करने के लिए वहाँ जमा होते। किंतु बात खुलने के पहले बोतल खुल जाती और बात जहाँ की तहाँ रह जाती। बात कभी शुरू होती भी, तो वे आपस में झगड़ बैठते। वे अर्थात् जलधर, लोकगीत-गायक शिवनाथ, बंगाल का मूर्तिकार रामरंजन और बर्मा को अपनी जन्मभूमि माननेवाला हिंदी का मैथिल कवि पुष्पलाल, इन पंक्तियों के लेखक के अलावा 'आर्ट-फिल्म' तथा 'न्यु सिनेमा मूवमेंट' के सभी प्रेमियों को इस 'चतुरंग-गोष्ठी' से बड़ी-बड़ी आशाएँ थीं। किंतु अब यह प्रमाणित हो रहा है कि यह आत्महंताओं का गिरोह मात्र था और वे मरने के लिए ही हर शाम को मिलकर बैठते थे। पिछले साल जलधर की मृत्यु लीवर के घाव से हुई

और तीन महीने के बाद ही पुष्पलाल पेट के कैन्सर से मरा। इस बार पेट के दर्द से संज्ञाहीन होकर शिवनाथ पटना के अस्पताल में पड़ा हुआ है। और अभी-अभी समाचार मिला है कि रामरंजन को कलकत्ता की एक नगरवधू के कोठे की सीढ़ियों पर नशे में चूर और घायल पाया गया। दोनों की हालत गंभीर बतायी जाती है...।

इसके बाद ही लेख का मूल वक्तव्य एक प्रश्न से आरंभ हुआ है—ऐसा क्यों? फिर, विद्वान् लेखक ने मनोवैज्ञानिक तथा दार्शनिक विश्लेषण करते हुए स्वयं ही इसका उत्तर दिया है। संभव हुआ, तो कभी खुद पढ़कर समझ लूँगा। अभी मेरे दिमाग में इस लेख के कई शब्द तथा पंक्तियाँ ही रह-रहकर मुखरित होते हैं—पर्सनालिटी डिसआर्डर...ईडिपस काम्पलेक्स...डेथविश...सेल्फ डिस्ट्रिक्टिव...शापेनहावर जस्टिफाईड सुसाइड, बट नेवर कमिटेड इट...ए मैन इज द प्रॉडक्ट ऑफ हिज कल्चर, एंड हिज इनविरोनमेंट...।

मैं साहित्य का साधारण पाठक! मुझे इन बहसों से क्या लेना-देना! उमा कभी-कभी एक बंगला मुहावरा दुहराकर मुझे समझाती—अदरक के व्यापारी को जहाज की खबर लेने की क्या जरूरत? किंतु वह मुझे जितना समझाती, मैं उतने ही उत्साह से साहित्य तथा कला की चर्चा में लीन हो जाता। पुष्पलाल कहता—शिबूदा! यह 'हैया हो हाय-हाय' यानी लोक-फोकगीत गाना छोड़कर लिखना शुरू कीजिए...

मैंने लिखना तो नहीं शुरू किया, मगर दाढ़ी रख ली। रामरंजन दा ने अपने हाथ से एक दिन मेरी दाढ़ी को तराशकर अल्ट्रामॉडर्न बना दिया और उसी दिन मेरी, पुष्पलाल और रामरंजन दा में मॉडर्न और काण्टेम्पररी शब्दों को लेकर मारपीट तक हो गयी। पुष्पलाल जब कभी अपनी गलत बात को सही करने के लिए बतंगड़ खड़ा करता, रामरंजन दा ऐसा ही करते। हममें सबसे बड़े रामरंजन दा और सबसे कनिष्ठ पुष्पलाल। दोनों की यह लड़ाई उपभोग करने की चीज...।

सो, सब तो ठीक है, मगर साले, तुम मॉडर्न होने क्यों गये? सचमुच, मैं क्यों इस चपेट में पड़ गया? कैसे पड़ गया? किंतु मेरा क्या दोष?

राजनीति करता था, सभाओं में मुख्य वक्ताओं तथा नेताओं के भाषण के पहले, भीड़ शांत रखने के लिए, गीत से भुलाये रखने के लिए मेरी जरूरत होती, और साथ में घुँघरूवाली खंजनी लेकर मैं मंच पर अलापता हुआ प्रकट होता—भैया किसनवाँ हो, दुश्मन तोहार बड़का ज-मीं-दा-आ-आ-र...!

अगर मेरे गले में एक खास किस्म की मिठास नहीं होती और यदि लोकगीत आधुनिक रुचिसंपन्न शहरी लोगों के लिए फैशन नहीं बन जाता, तो आज मेरी जगह

कहाँ होती? तब शायद राजनीति नहीं छूटती और दल बदलते-बदलते पता नहीं आज किस दल में होता! अगर पटना में रेडियो स्टेशन नहीं खुलता, तो मैं जो था, वही रहता...

याद आती है, पहली बार रेडियो से मैंने जब 'सारंगा-सदाबृज' गीतकथा प्रसारित की थी, भाव-विभोर होकर, स्टूडियो से बाहर आते ही सबसे पहले अहिंदी भाषिणी 'पेक्स' (प्रोग्राम एक्जिक्यूटिव) मिस नैनीकुट्टी ने गद्गद होकर मुझे बधाई दी थी—"मैंने गीत का एक शब्द भी नहीं समझा, किंतु लगा कि मेरे अंदर कोई घटना घट रही है!"

इसके बाद से ही हर सप्ताह सुबह-शाम मेरे गीत प्रसारित होने लगे, कुछ ही दिनों में लोगों की जबान पर मेरे गीत थे, मेरा नाम हर सांस्कृतिक समारोह के पर्चों में मोटे अक्षरों में, विशेषण सहित, छपने लगा : 'जिसके गीत माटी की सौंधी सुगंध बिखेर देते हैं...' 'जिनके कंठ में मिथिला की विरहणी आकर बैठ जाती है...' 'जो जीवन का गीत गाता है...' आदि-आदि, उधर फिल्म जगत् में पंजाबी भाँगड़ा की लहरें धूम मचाकर लौट गयी थीं। नये दौर में लोकगीत की बारी आयी और इसके साथ ही मेरी जिंदगी में एक नया तूफान चलने लगा...बंबई, मद्रास, कलकत्ता...शराब, औरत, जुआ... दुश्चरित्र जीवन-विलास...काम से जी चुराने के साथ धोखाधड़ी, जालसाजी...मिट्टी में गड़े हुए ग्रामीण शब्दों को उखाड़कर अनगढ़ ढंग से दर्जनों कहानियाँ गढ़कर, गीतकथा बनाकर पुरातन तथा ट्रैडिशनल लोकगीत के नाम पर मैंने चतुराई से चला दिये... महुआ घटवारिन, नैका सुन्नरी, नैना जोगिन, मैनावन्ती, ढोलन सरदार, दुखामाँझी... एक फिल्म के लिए तो 'डायनों का सामूहिक नृत्यगीत' तक रचकर मैंने एक प्रोड्यूसर-डाइरेक्टर की आँखों में धूल झोंक दी—जनाब, नेपाल की मोरंग तराई में बसनेवाली कोच जाति के 'ओझागुणी' तथा थारू जाति के 'भगता', 'किरात', 'धामियों' के चरणों की सेवा करके ही इसे प्राप्त किया है। वह सामूहिक नृत्यगीत बाद में सेन्सरवालों ने कटवा दिया...हॉल में बच्चे ही नहीं, बूढ़े और जवान भी डरकर बेहोश हो गये थे!

उमा नहीं होती, तो मैं जलधर और पुष्पलाल से पहले ही हवा हो जाता किंतु पिछले साल उमा ने एक दिन हारकर कह दिया—तुम्हारी जो मरजी हो, करो! मैं अब कुछ नहीं बोलूँगी! मेरे बूते के बाहर की बात है...मैं नहीं कह सकती...आमि आर पारी ना...।

तब मुझे अचानक गायब होने का बहाना मिल गया और करीब दस महीने तक काठमांडू, कामरूप कामख्या और सिंहभूम के जंगलों-पहाड़ों में एक नयी सभ्यता, एक नये जीवन-दर्शन का मसीहा बनकर आधा दर्जन देशी-विदेशी लड़के-लड़कियों के साथ अलख जगाता फिरा...! यौनाचार...चीनाचार...वामाचार...!

साले! यह अस्पताल है, चर्च नहीं!

नहीं, नहीं, मैं कोई कसूर कबूल नहीं कर रहा। मेरा मतलब है, मैंने कोई कसूर किया ही नहीं। इस दुनिया, अर्थात् इस विराट् वेश्यालय में मैं ही सबसे बड़ा पुण्यात्मा हूँ, क्योंकि मैं ही इसे समाप्त करना चाहता हूँ...ध्वंस...!

उमा जग गयी है। मेरी ओर देखकर कहती है—"नाक से ट्यूब क्यों निकाल दिया...? आमि आर पारी ना!"

—नाक के अंदर घाव हो गया है।

—किसने कहा!

—कहेगा कौन...!

उमा शायद नीलम्मा को बुलाने गयी। भोर होने को है, किंतु नीलम्मा उसी तरह खिली हुई है, कहती है—"नाम में 'नाथ' रखता है और नाक में 'पसन्न' नहीं? लीजिए, निगलिए...और थोड़ा...ठीक है, वोमिट करेगा, तो हम देखेगा...ठीक...वाह...! लोक्खी छेयले...!"

नीलम्मा ने जाने कहाँ से 'लखखी छेले' कहना सीख लिया है। उपयुक्त अवसर पर इसका प्रयोग करती है—"अबी नली खोलेगा, तो अबी इधर आके पलँग में दोनों हाथ बाँध देगा।"

मैं क्या नीलम्मा को प्यार करने लगा हूँ? क्या उमा समझती है कि मैं नीलम्मा को प्यार करने लगा हूँ? देखता हूँ, प्रेम में पड़ जाने का एकमात्र स्थान आज भी अस्पताल ही है।

हरामजादे! नीलम्मा या किसी को प्यार करके अब क्या करेगा तू? जब तक साँस चलना बंद नहीं हो, काम की आग शायद नहीं बुझती। नीलम्मा को देखते ही मेरे शरीर का रोम-रोम बज उठता है। ठीक पंद्रह वर्ष पहले उमा को देखकर ऐसा ही होता था।

नीलम्मा मेरी! ऑक्सिजन सिलिंडर। प्रेम को पुनः पनपानेवाली मिथुन राशि की कन्या...अनन्या...!

साले फिर कविता?

पुष्पलाल ने अपने लेटरपैड के एक कोने पर मिथुन राशि का प्रतीक चित्र छपवाया था...यौनलीला के लिए प्रस्तुत बैठी अर्धनग्न स्त्री-पुरुष की जोड़ी! पिछले पाँच वर्षों से उमा मेरे साथ नहीं सोती। नहीं सोती, यानी यौनसंपर्क से दूर रहती है। वह मेरे अंग-प्रत्यंग को अपवित्र और घिनौना समझने लगी है। और तब से मैं उमा से लजाने लगा हूँ। एक बार किशोरावस्था पार करने के बाद, यानी गुप्त प्रदेशों में नन्हे-नन्हे काले-काले घुँघराले बालों की पहली फसल के दिनों, एक

सुबह आठ बजे तक मुझे सोता देखकर माँ ने गुस्से से मसहरी हटाकर देह से चादर छीन ली थी और चादर के नीचे मैं एकदम नंगा था...लाज के मारे मैं सात-आठ दिन तक माँ से आँखें नहीं मिला सका था...वैसी ही लाज! यहीं, मुझ पर अपने परिवेश, परिवार और प्रेम के संबंधों को कलुषित करने का दोषारोपण किया जाता है।

यह सबकुछ नहीं, असल में मैं हर माने में दिवालिया हो चुका हूँ। शराब? साली साँप के जहर से बनी हुई शराब भी मैंने पी है। शराब, गाँजा, चरस और सिगरेट के अतिरिक्त सेवन से मेरी आवाज विकृत हो गयी है। यह अब बाजार में नहीं चल सकेगी। जिस कंठ में मैं चंपाकली की तुनुक पँखुड़ियों के टूटने के शब्द को कुशलता से प्रस्तुत कर दिया करता था, उससे अब फटे झाँझ की-सी आवाज निकलती है। और, जब गा ही नहीं सकूँगा, तो जीकर क्या होगा? फ्लैट में मेरी अलमारी में अब भी डिम्पल की भरी-पूरी बोतल खड़ी होगी। मैं नहीं रहूँगा, तो वह किसके काम आयेगी? उमा उसे अलमारी से निकालकर खिड़की से बाहर फेंक देगी। नहीं...नहीं, फेंक नहीं सकेगी, फेंकना चाहकर भी रख लेगी, जब तक जीयेगी, उसे यत्नपूर्वक रखेगी, संभवतः अपने पूजा घर के कोने, महाकाली के पट के पास रखेगी...गंगाजल की बोतल के पास ही...गंगा...गंगा!

पटना की गंगा को मगह की गंगा अर्थात् पुण्यहरा कहते हैं लोग। इसलिए पटना की गंगा के कोई पक्का घाट नहीं, एक-दो हैं भी, तो इतने गंदे कि उधर कोई मुँह भी नहीं फेर सके। पटना की गंगा के किनारे जलनेवाले मुर्दों को न शांति मिलती है, न मुक्ति। इसलिए पुष्पलाल जैसे विद्रोही की लाश भी उस पार सेमरिया घाट ले जाकर जलायी गयी...किंतु इसी गंगा के किनारे 'पटना क्लब' के रमणीय लॉन में बैठकर मौज से दारू पीते समय और पटना मेडिकल कॉलेज अस्पताल के किसी बेड पर बेबस पड़े दवा पीते वक्त आदमी के मन में पटना की गंगा की जय-जय-ध्वनि अपने-आप गूँज उठती है। मेरा विश्वास पक्का है कि इस अस्पताल के सत्तर प्रतिशत रोगी सर्वरोग विनासिनी गंगा की हवा के प्रताप से ही स्वस्थ होते हैं, मरते-मरते जी जाते हैं। अपने देश में किसी दरिया के किनारे और कहीं कोई अस्पताल है, मुझे नहीं मालूम।

घाट से कोई स्टीमर खुलने की तैयारी कर रहा है शायद। आजकल नये किस्म का साइरन बजता है...अथाह जल के अंदर से आती हुई घुटती हुई-सी आवाज, इस साइरन का सही नाम क्या है, पूछना होगा।

नहीं, स्टीमर नहीं! यह है क्राइसिस! अर्थात् ऑक्सिजन सिलिंडर लाया जा रहा

है। फर्श पर भारी लोहे के घसीटने की आवाज क्रमशः नजदीक आती जा रही है। क्यों? मेरे पास फिर क्यों? मैं होश में हूँ। जगा हुआ हूँ। पलँग से स्टूल सटाकर, मेरे बाएँ कंधे के पास सिर रखकर उमा सो गयी है। धीरे-से पुकारता हूँ—उमा! मुँह से आवाज निकलने के पहले ही सिलिंडर घसीटकर लानेवाला आदमी उछलकर मेरा मुँह दबा देता है। सिलिंडर घसीटकर लानेवाला व्यक्ति वार्डकुली नहीं, पुलिस का दारोगा है। उसके साथ पुलिस के कई सिपाही हैं, जो मेरे पलँग के चारों ओर आकर मुझे घेर लेते हैं...वे मेरी तलाशी लेंगे। मैंने रजाई के नीचे अश्लील पुस्तकें, अवैध गाँजा और नर्स नीलम्मा की लाश छिपा रखी है। उमा! देखो तो, वे क्या कह रहे हैं? दारोगा चिल्लाता है—चुप रह साले! एक सिपाही मेरी रजाई हटाना चाहता है। मैं विरोध करता हूँ—रजाई के नीचे मैं नंगा हूँ...एकदम नंगा हूँ...सालो...हरामजादो...मादरचो-ओ ...बेटीचो...कुत्ती का बच्चा...! दनादन दोनों लातें चलाना शुरू किया मैंने...और उसी ताल पर लड़ाई का नगाड़ा बजने लगा...किसी के मुँह पर, किसी के पेट पर, अण्डकोष और चूतड़ पर मेरी लातें लगती हैं और वे एक-एक कर, नगाड़े के ताल पर भागते जाते हैं। हद है! उमा उसी तरह झुकी हुई है। यहाँ इतना शोर-गुल हो गया, कान के पास लड़ाई का नगाड़ा बज गया, किंतु उसकी नींद में कोई बाधा नहीं पड़ी। तब रजाई के नीचे से गरदन निकालकर नीलम्मा मुझसे पूछती है—पुलिस का लोग सब चला गया? अब तुम चुपचाप मुझे मार डालो। आओ। रजनीगंधा की सुगंध मेरी नाक में समाती जा रही है और नीलम्मा अब अनुनय-भरे स्वर में कह रही है—प्लीज किल मी! मैं उमा को झकझोरकर जगाता हूँ। उमा लुढ़ककर फर्श पर गिर पड़ती है और उसके गिरने की आवाज जलतरंग की तरह... या नीलम्मा खिलखिलाकर हँस पड़ी है! मैं भी उसके साथ हँसना चाहता हूँ, किन्तु हँसने के बदले मैं माँ-माँ पुकारकर रोने लगता हूँ। मैं रोता जाता हूँ और नीलम्मा उसी तर्ज पर बंगला का 'रामप्रसादी' अलापती है—माँ-माँ-आँ-आँ! असल में रोने के बदले गा ही रहा हूँ मैं!

समाधि नहीं, सपना? पता नहीं, क्या सच है और क्या सपना! जो भी हो, मैंने नीलम्मा की हत्या नहीं की है। वह डाक्टर की मदद कर रही है। डाक्टर कहते हैं, मैं सपने में हाथ-पाँव मार रहा था। नीलम्मा हँसकर कहती है—"हमारा इधर में ऐसा किक मारा कि हमको नोवल्जिन लेना पड़ा..."

मुझे कोई सूई दी जा रही है, शायद!

उमा इस तरह घबराकर मुझे क्यों देख रही है? ऐसी घबराहट उसके चेहरे पर जीवन में कभी नहीं देखी। रुँधे गले से पूछ रही है मुझसे—"की होये छे? ऐसा क्यों कर रहे हो? कैसा लग रहा है? बोलो ना...बोलते क्यों नहीं बाबू शिबूबाबू रे...।"

उमा हठात् चीख पड़ती है। लगा, आकाश चरचराकर फट गया...तारे झड़ रहे हैं झहर-झहर—"माँ गो-ओ-ओ! आमार सर्वनाश कोरो नाँ...आमार केउ नेई...डाक्टर बाबू! मेरा कोई नहीं इसके सिवा...हाहा-हाहा...डाक्टर बाबू!"

मैं सबकुछ देख रहा हूँ। सबकुछ सुन रहा हूँ। पर कुछ कह नहीं पा रहा। नीलम्मा उमा को दोनों हाथों से पकड़कर उठाती हुई समझा रही है—"एक नया ड्रग दिया गया था, उसी का रिएक्शन हुआ है। अभी ठीक हो जायेगा। सूई पड़ा है..."

सर्जन अजय की झिड़की सुनायी पड़ती है—"उमा! यह क्या हो रहा है?"

—मेरा शिबू बोलता क्यों नहीं, डाक्टर?

—बोलेगा...अभी बोलेगा...तुम चुप रहो!

—अच्छा, मैं चुप रहूँगी! मैं चुप हूँ।

हार्ट स्पेशलिस्ट डाक्टर श्रीनिवास आये हैं। उनकी सफेद लंबी दाढ़ी को देखकर मुझे कविराज चक्रवर्ती की याद आती है। कविराज चक्रवर्ती सूँघ करके ही रोग का निदान करते थे। डाक्टर श्रीनिवास भी दूर से ही मुझे देखकर कहते हैं—"हार्ट नॉर्मल है..."

मेडिसिन के डाक्टर दास आये। वह भी मुझे दूर से देखते हैं। कोई मुझे छूता तक नहीं। वे मुझसे बोलने को कह रहे हैं। मैं हाथ के इशारे से कहता हूँ—"आवाज नहीं निकल रही!" डाक्टर दास कहते हैं—"हाँ, रिएक्शन ही हुआ है।"

मैं जानता हूँ, मैंने देखा है, कंठ के कैंसर में ऐसा ही होता है। बोली अचानक बंद हो जाती है, यदि बोली नहीं लौटी तो! वोकल कार्ड डैमेज तो नहीं हो गया? मैं डाक्टर से पूछना चाहता हूँ—"डाक्टर..."

सभी के मुँह से एक साथ एक स्वर से निकल पड़ता है—"आ गयी!"

बिजली गुल होने के बाद, जब लौटती है, तो लोगों के मुँह से इसी तरह एक स्वर से निकल पड़ता है—"आ गयी!"

किंतु उमा को विश्वास नहीं हो रहा। वह मेरे पास आकर पूछती है—"बोलो तो, मैं कौन हूँ?"

मुझे हँसी आ गयी। मैंने पूछा—"यह सब सपना तो नहीं?"

—"तोमार की मने हय?" उमा पूछती है।

मैं करवट लेने की चेष्टा करता हूँ। उमा मना करती है...पेट के बीचोंबीच भीषण यंत्रणा...यह क्या...मेरे पेट पर भारी क्या लदा है? जरा भी हिल-डुल नहीं सकता। या नीलम्मा ने सचमुच मुझे पलँग से बाँध दिया है!

'पटना टाइम्स' का स्टाफ रिपोर्टर वित्तन आया है। उमा से वह कुछ पूछता है। उमा कहती है—"ऑपरेशन के ठीक दस घंटा बाद, अभी कुछ देर पहले होश में आये हैं। अब ठीक हैं।"

—ऑपरेशन? किसका ऑपरेशन? कब हुआ मेरा ऑपरेशन?

उमा चुपचाप मुस्कुराती है—"डाक्टर अजय दस घंटे के बाद अभी डेरे पर गये हैं!"

—"और डाक्टर श्रीनिवास, डाक्टर दास? वे कब गये?"

उमा अचरज से पूछती है—"डाक्टर श्रीनिवास और डाक्टर दास? वे यहाँ कब आये?"

मैं पूछता हूँ—"मेरी आवाज फटे झाँझ की तरह सुनायी पड़ती है?"

—नहीं तो!

—मुझे ड्रग रिएक्शन हुआ था न? मेरी बोली अचानक बंद हो गयी थी न?

—तुम तो दस घंटे से अज्ञान थे।

—और नीलम्मा? बुलाओ न उसे एक बार!

—कौन नीलम्मा? उमा को फिर अचरज होता है।

मैं अपनी देह में चिकोटी काटकर देखता हूँ, मैं हूँ, या मैं भी नहीं हूँ। नहीं, मैं हूँ। सपना नहीं यह सब...मैं सपना नहीं। किंतु, फिर शंका होती है। फिर पूछता हूँ, डरते-डरते—"अच्छा उमा, पुष्पलाल उस सामनेवाले वार्ड में ही मरा था न?"

इस बार उमा तनिक झुँझलायी—"कौन पुष्पलाल? पता नहीं, क्या-क्या बोल रहे हो! बोलो मत, डाक्टर ने मना किया है।"

मुझे अब विश्वास हो रहा है, यह सपना ही है। और, इस सपने से अब निस्तार नहीं, छुटकारा नहीं! क्या होगा छुटकारा पाकर! अच्छा हो, गंगा के किनारे चलकर पानी में अपनी काया को एक बार जी-भर निहारते हुए, इस सुंदर आवरण की स्तुति करूँ...जीवनभर दुनिया की हर चीज और हर व्यक्ति में अपना प्रतिबिंब खोजता रहा, देखता रहा, मुग्ध होता रहा...नारसिसस? नानसैन्स! सपने में एक बार गाकर देखना चाहता हूँ...मेरी आवाज कहाँ तक पहुँचती है। गंगा के उस पार...सफेद बालुचरों के पार, हरे-भरे खेतों के ऊपर उड़ती हुई...अथवा अतल जल में बजनेवाले साइरन की तरह, अगाध जल के नीचे की ओर, घुटती हुई...

दिसंबर, 1970

नैना जोगिन

रतनी ने मुझे देखा तो घुटने से ऊपर खोंसी हुई साड़ी की 'कोंची' को जल्दी से नीचे गिरा लिया। सदा साइरेन की तरह गूँजनेवाली उसकी आवाज कंठनली में ही अटक गयी। साड़ी की कोंची नीचे गिराने की हड़बड़ी में उसका 'आँचर' भी उड़ गया।

उस सँकरी पगडंडी पर, जिसके दोनों ओर झरबेरी के काँटेदार बाड़े लगे हों, अपनी 'भलमनसाहत' दिखलाने के लिए गरदन झुकाकर, आँख मूँद लेने के अलावा बस एक ही उपाय था। मैंने वही किया। अर्थात् पलट गया। मेरे 'पीठ पीछे' रतनी ने अपने उघड़े हुए 'तन-बदन' को ढँक लिया और उसके कंठ में अटकी हुई एक उग्र-अश्लील गाली पटाके की तरह फूट पड़ी।

मैं लौटकर अपने दरवाजे पर आ गया और बैठकर रतनी की गालियाँ सुनने लगा।

नहीं, वह मुझे गाली नहीं दे रही थी। जिसकी बकरियों ने उसके 'पाट' का सत्यानाश किया है, उन बकरीवालियों को गालियाँ दे रही है वह। सारा गाँव, गाँव के बूढ़े-बच्चे-जवान, औरत मर्द उसकी गालियाँ सुन रहे हैं। लेकिन... लेकिन क्यों, शायद सच ही, उनके सुनने और मेरे सुनने में फर्क है। मैं 'सचेतन रूपेण' अर्थात् जिस तरह रेडियो से प्रसारित महत्त्वपूर्ण वार्ताएँ सुनता हूँ, इन गालियों को सुन रहा हूँ। कान में उँगली डालने के ठीक विपरीत... एक-एक गाली को कान में डाल रहा हूँ। उसकी एक-एक गाली नंगी, अश्लील तस्वीर बनाती है—'ब्लू फिल्म' के दृश्य।

...उदाहरण ? उदाहरण देकर 'थाना-पुलिस-अदालत-फौजदारी' को न्योतना नहीं चाहता।

रमेसर की माँ ने टोका शायद!

गाँव-भर की बकरीवालियों को सार्वजनिक गालियाँ दागने के बाद रतनी ने रमेसर की माँ के 'प्रजास्थान' को लक्ष्य करके एक महास्थूल गाली दी। रमेसर की माँ ने टोका—"पहले खेत में चलकर देखो। एक भी पत्ती जो कहीं चरी हो...।"

रतनी अब तक इसी टोक की प्रतीक्षा में थी, शायद। अब उसकी बोली लयबद्ध हो गयी। वह प्रत्येक शब्द पर विशेष बल देकर, हाथ और उँगलियों से भाव बतलाकर

कहने लगी कि वह पाट के खेत में जाकर क्या देखेगी, अपना...? (भले घर की लड़की होती तो कहती 'अपना सिर', किन्तु रतनी सिर के बदले में अपने अन्य हिस्से का नाम लेती है!)

इसके बाद बहुत देर तक रतनी की बातें सुनता रहा।... लेकिन उन्हें लिख नहीं सकता। वारंट का डर है।

किन्तु, रतनी के बारे में अब कुछ नहीं लिखा गया तो जीवन में कभी नहीं लिखा जायेगा। क्योंकि रतनी की गालियों में मर्माहत और अपमानित करने के अलावा उत्तेजित करने की तीव्र शक्ति है—यह मैं हलफ लेकर कह सकता हूँ।

रतनी का नाम 'नैना जोगिन' मैंने ही दिया था, एक दिन। तब वह सात-आठ साल की रही होगी।... नैना जोगिन? देहात में झाड़-फूँक करनेवाले ओझा गुणियों के हर 'मंतर' के अंतिम आखर में बंधन लगाते हुए कहा जाता है—दुहाए इस्सर महादेव गौरा पारबती, नैना जोगिन... इत्यादि। लगता है, कोई नैना जोगिन नाम की भैरवी ने इन मंत्रों को सिद्ध किया था।

...सात साल की उम्र में ही रतनी ने गाँव के एक धनी, प्रतिष्ठित, वृद्ध को 'फिल चक्कर' में डाल दिया था। उसकी बेवा माँ, वृद्ध की हवेली की नौकरानी थी। पंचायत में सात साल की रतनी ने अपना बयान जिस बुलंदी और विस्तार से दिया था, कोई जन्मजात नैना जोगिन ही दे सकती थी! अब तो उसकी जामुन की तरह कजराई आँखें भी उसके नाम को सार्थक करती हैं, किंतु सात साल की उम्र में ही इलाके में कहर मचानेवाली लड़की से आँख मिलाने की ताकत गाँव के किसी बहके हुए नौजवान में भी नहीं हुई कभी। उसको देखते ही आँखों के सामने पंचायत, थाना, पुलिस, फौजदारी, अदालत, जेल नाचने लगते।

...रतनी की माँ सरकारी वकील को भी कानून सिखा आयी है।... बहस कर आयी है सेशन-कोर्ट में!

सो, पिछले ग्यारह वर्षों में रतनी की माँ ने मुँह के जोर से ही पंद्रह एकड़ जमीन 'अरजा' है। पिछवाड़े में लीची के पेड़ हैं, दरवाजे पर नीबू। सूद पर रुपये लगाती है। 'दस पैसा' हाथ में हैं और घर में अनाज भी। इसलिए अब गाँव की जमींदारिन भी है वही। गाँव के पुराने जमींदार और मालिक जब किसी रैयत पर नाराज होते तो इसी तरह गुस्सा उतारते थे। यानी उसकी बकरी, गाय वगैरह को परती जमीन पर से ही हाँककर दरवाजे पर ले आते थे और गालियाँ देते, मार-पीट करते और अँगूठे का निशान लेकर ही खुश होते थे।

रमेसर की माँ कल हाट जाते समय लीची की टोकरी नहीं ले गयी ढोकर, इसलिए रतनी और रतनी की माँ ने आज इस झगड़े का 'सिरजन' किया है—जान-बूझकर।

रमेसर का बाप मेरा हलवाहा है। रमेसर हमारे भैंसों का रखवाला यानी भैंसवार है। रमेसर की माँ हमारे घर बर्तन-बासन माँजती है, धान कूटती है। इसलिए रतनी अब अपनी गालियों का मुख धीरे-धीरे हमारी ओर करने लगी—"तू किसका डर दिखलाती है? शहर से आये भतार का? रोज मांस-मछली और 'ब्रंडिल' पीकर तेरे (प्रजास्थानम्) तेल बढ़ गया है! एँ...?"

मुझे अचानक रमेसर की माँ की गंदी-हल्दी-प्याज-लहसुन पसीना-मैल की सम्मिलित गंध भरी साड़ी की महक लगी। लगा, अब रतनी मुझे बेपर्द करेगी। नंगा करेगी। खुद अपने को उसने पिछले एक घंटे में साठ बार नंगा किया है अर्थात् जब-जब उसने गाली का रुख हमारी ओर किया, हर बार यह कहना नहीं भूली कि रमेसर की माँ जिसका डर दिखलाती है वह 'व्यक्ति' (मुनसा!) रतनी का 'अथि' भी नहीं उखाड़ सकता!... ऐसे-ऐसे 'मद्दकी मुनसा' को वह अपने 'अथि' में दाहिने-बाएँ बाँध रखेगी। ... बगुला-पंखी धोती-कुरता और घड़ी-छड़ी-जूतावाले शहरी छैलकिनयाँ लोग ऊपर से लकदक और भीतर फोक होते हैं।... सफाचट मोंछ मुँडाए मुछमुंडा लोगों की सूरत देखकर भूलनेवाली बेटी नहीं रतनी!... रतनी की माँ को इसका गुमान है कि बड़े-बड़े वकील-मुख्तार के बेटों को देखकर भी उसकी बेटी की 'अथि' अर्थात् जीभ नहीं पनियायी कभी। डकार भी नहीं किया।

रतनी अपने आँगन से निकल आयी थी। रमेसर की माँ ने कोई जवाब नहीं दिया होगा शायद। अब रतनी और रतनी की माँ दोनों मिलकर नाचने लगीं। उसका घर हमारे दरवाजे से दस रस्सी दूर है, लेकिन सामने है। मैं रतनी और रतनी की माँ का नाच देखने को बाध्य था। रतनी की काव्य-प्रतिभा ने मुझे अचंभे में डाल दिया। उसकी टटकी और तुरत रची हुई पंक्तियों में वह सबकुछ था जो कविता में होता है—बिंब, प्रतीक, व्यंग्य तथा गंध! बतौर बानगी—अटना का साहब और पटना की मेम, रात खाये मुरगी और सुबह करे नेम, तेरा झुमका और नथिया और साबुन महकौवा—तू पान में जरदा खाये नखलौवा...।

रतनी और रतनी की माँ की यह काव्य-नाटिका समाप्त हुई तो मैंने दरवाजे पर बैठे गाँव के दो-तीन नौजवानों की ओर देखा। मेरा चेहरा तमतमाया हुआ था, किंतु वे निर्विकार और निर्मल मुद्रा में थे। परिवार तथा 'पट्टीदार' के 'मर्द पुरुषों' की ओर देखा, वे पान चबा रहे थे, हुक्का गुड़गुड़ा रहे थे। लगता था, इन लोगों ने रतनी की गालियाँ सुनीं ही नहीं। मैंने जब भोजन के समय बात चलायी तो परिवार के एक व्यक्ति ने (जिन्हें शहर के नाम से ही जड़ैया बुखार धर दबाता है) हँसकर कहा, "शहर से आने के बाद आप कुछ दिन तक ऐसी असभ्यता ही करेंगे, यह हमें मालूम है। इन छोटे लोगों की गाली पर इस तरह ध्यान कोई भलामानुस नहीं देता। इस तरह गालियों

के अर्थ को प्याज के छिलके की तरह उतार-उतारकर समझने का क्या मतलब! शहर में क्या औरतें गाली नहीं देतीं?"

अजब इन्साफ है—गाली सुनकर समझना अन्याय है! असभ्यता है! मन में मैल है मेरे?

अश्लील और घिनौने मुकदमे के कारण रतनी की बदनामी बचपन से ही फैलती गयी। जवान हुई तो बदनामियाँ भी जवान हुईं। फलतः गाँव के हिसाब से 'पक' जाने पर भी कोई दूल्हा नहीं मिलता। मिलता भी तो 'घर-जमाई' होकर नहीं रहना चाहता। दो साल हुए, एक निमोंछिया जवान न जाने किस गाँव से आया साँझ में और रात में भात खाने के लिए घर के अंदर गया तो रतनी की माँ एक हाथ में सिंदूर की पुड़िया और दूसरे में फरसा लेकर खड़ी थी—"छदोड़ी की सींथ में सिंदूर डालो, नहीं तो अभी हल्ला करती हूँ, घर में चोर घुसा है।"... तो सींकिया नौजवान जो हर सुबह को शीशम की कोमल पत्तियाँ तोड़कर ले जाता है, वही है रतनी का रतन-धन?

पूछताछ करने पर पता चला कि हाल ही में एक रात को रतनी ने इसको लात से मारा; घर से निकालकर चिल्लाने लगी, "पूछे कोई इससे कि इतना दूध, मलाई, दही, मांस-मछली, कबूतर तिस पर 'धात-पुष्टई' दवा, तो अलान-ढेकान खाकर भी जिस 'मर्द' को आधी पहर रात को हँफनी शुरू हो, उसको क्या कहा जाय? लोग 'दोख' देते हैं मेरे कोख को, कि रतनी बाँझ है। निमकहराम और किसको कहते हैं?"

मैं अब इसे मानसिक विकार मानने लगा हूँ। अब तक 'सामाजिक' समझ रहा था कि छोटी जात की औरत गाँव की मालकिन हुई है...।

नहीं, सामाजिक भी है। मेरे पट्टीदार के एक भाई ने कहा, "कोई उसका क्या बिगाड़ सकता है? गाँव के सभी किस्म के चोर अर्थात् लत्ती-पत्ती और सिन्ना चोर दिन डूबते ही उसके आँगन में जमा हो जाते हैं। इलाके का मशहूर डकैत परमेसरा रतनी की बात पर उठता-बैठता है। मुखिया और सरपंच रतनी की माँ के खिलाफ चूँ भी नहीं कर सकते।... रतनी की माँ से कोई 'रार' मोल नहीं लेना चाहता। इसीलिए दिन-भर गाँव के हर टोले में दोनों घूम-घूमकर झगड़ा करती फिरती हैं।... रतनी अकेली खस्सी बकरे को जिबह कर देती है; रतनी की माँ चोरी का माल खरीदती है—थाली-लोटा-गिलास...।"

सुबह को मालूम हुआ, शहर से लाया हुआ मेरा प्रेस्टिज प्रेशर कूकर गायब है। दोपहर के बाद धोती गुम! रात में रमेसर की माँ फिसफिसाकर आँगन में कह रही थी—"रतनी बोलती थी कि 'सिद्ध' करके छोड़ेगी इस बार!... उस दिन इस तरह पीठ दिखाना अच्छा नहीं हुआ, शायद!"

और यह सब इसलिए कि मैंने रतनी के तथाकथित 'पुरुष' को बुलाकर उसका पता-ठिकाना पूछा था, और उसको समझाया था कि गाँव में अब एक नयी बात चल पड़ी है। उसने बीवी की मार सह ली—नतीजा यह हुआ कि कई औरतों ने अपने घरवाले को पीटा इस गाँव में...।

रतनी ने चिल्ला-चिल्लाकर सारे गाँव के लोगों को सूचना देने के लहजे में सुनाया था, "सुन लो हो लोगो! अब इस गाँव में फिर एक सेशन मोकदमा उठेगा सो जान लो! ई शहर का कानून यहाँ छाँटने आया है! कोई अपने घरवाले को लात मारे या 'चुम्मा' ले, दूसरा कोई बोलनेवाला कौन? देहात से लेकर शहर तक तो 'छुछुआते' फिरता है, काहे न कोई 'मौगी' मुँह में चुम्मा लेती है?"

मैं रोज हारता, रतनी रोज जीतती। मुझे स्वजनों ने सतर्क किया—साँझ होने के पहले ही मैदान से घर लौट आया करूँ। किसी ने शहर लौट जाने की सलाह दी। मुझे लगता, रोज ताल ठोककर एक नंगी औरत-पहलवान मुझे चुनौती देती है। थप्पड़-घूँसे चलाती है। भागूँगा तो गाँव की सीमा के बाहर तक पीछे-पीछे फटा कनस्तर पीटती और बकरे की तरह 'बो बो बो बो' करती जायेगी। गाँव-भर के लोग तालियाँ पीटकर हँसेंगे।

मुझे हथियार डाल देना चाहिए। एक औरत, सो भी ऐसी औरत से टकराना बुद्धिमानी नहीं। एक सप्ताह तक चोरी-चपाटी करवाने के बाद एक नया उत्पात शुरू किया। रात-भर हमारे दरवाजे और आँगन में हड्डियों की 'बरखा' होती। ...नंगी औरत ताल ठोककर ललकार रही है—मर्द का बेटा तो मैदान में आ...!

मैदान में मुझे उतरना ही पड़ा। रात में नींद खुली। दरवाजे के सामने जो नया बाग हम लोगों ने लगाया है, उसमें भैंस का बच्चा घुस गया है, शायद! मैं धीरे-धीरे बाड़े के पास गया। पटट...!

अमलतास के कोमल पौधे को तोड़कर, गुलमोहर की ओर बढ़ते हुए हाथ को मैंने 'खप्प' से पकड़ा! कलम-घिसाई के बावजूद पंजे की पकड़ में अब तक खम बचा हुआ था!... "क्यों?" मैंने बहुत धीरे-से पूछा।

"छोड़िए!" जवाब भी उसी अंदाज में मिला।

"क्यों तोड़ा है? क्या मिला? क्यों?"

"तोड़ा तो क्या कर लीजिएगा?"

"मैं लोगों को पुकारता हूँ।"

"खुद फँस जाइएगा।... हाथ छोड़िए।"

"फँसाके देखो। मैं नहीं डरता हूँ।"

"क्या चाहते हैं आप?"

"मैं जानना चाहता हूँ कि तुम... तुम इस तरह मेरे पीछे क्यों पड़ी हो? इस पौधे को क्यों तोड़ा है?"

"वह तो पौधा ही है। जी तो आपको ही तोड़ देने को करता है।... हाथ छोड़िए!"

मैंने देखा उसकी कनपटी पर एक साँप का फण-फण नहीं, भाला! बरछे की फली! मैंने हाथ छोड़ दिया। वह भागी नहीं, खड़ी रही। मुझे चुप और अवाक् देखकर बोली, "चिल्लाऊँ?"

"कोढ़ी डरावे थूक से!"

रतनी हँसी। तारों की रोशनी में उसकी हँसी झिलमिलायी।

"जाइए, थोड़ा 'ब्रांडिल' और चढ़ाइए!"

"तुम—तुम नैना जोगिन...!"

"हाँ, नैना जोगिन ही हूँ? तब? माधो बाबू..." अब रतनी करीब सट आयी, "मेरा क्या कसूर जो बारह साल से बनवास दिये हुए हैं आप लोग! उस बूढ़े को करनी का फल चखाया तो क्या बेजा किया? मैं उस समय उसकी पोती की उम्र की थी।... सो, आप लोगों ने खासकर आप दोनों भाइयों ने हम लोगों को 'रंडी' से बदतर कर दिया। ... आखिर आपके जन्म के दिन रतनी की माँ ही सौर घर में थी—पाँच साल तक आप रतनी की माँ की गोद और आँचर में रहे, और आपकी आँख में जरा भी पानी नहीं। ...मैं जवान हुई, आप लोगों ने आँख उठाकर कभी देखा नहीं कि आखिर गाँव-घर की एक लड़की ऐसी जवान हो गयी और शादी क्यों नहीं होती?... अब इस बार आये हैं तो कभी आपके मन में यह नहीं हुआ कि रतनी की शादी हुए ढाई साल हो रहे हैं और रतनी को कोई बच्चा क्यों न हुआ? अटना-पटना-दिल्ली-दरभंगा में आपके इतने डागडर-डागडरनी जान-पहचान के हैं... आखिर, रतनी की माँ का दूध साल-भर तक पिया है, आपने। रतनी की माँ को बहुत दिन तक आपने माँ कहा था, लोगों को याद है।... दूध का भी तो एक संबंध होता है।"

मैंने कहा, "रतनी! रमेसर जग गया है।... मैं कुछ नहीं समझता। तुम जाओ। कोई देख लेगा।"

"देखकर क्या कर लेगा?"

रतनी ने बेलाग-बेलौस एक अश्लील बात अँधेरे में, आग की गोली की तरह उगल दी—"देखकर आपका 'अथि' और मेरा 'अथि' उखाड़ लेगा?... बोलिए, मैं पापिन हूँ? मैं अछूत हूँ? रंडी हूँ? जो भी हूँ आपकी हवेली में पली हूँ... तकदीर का फेर... माधो बाबू... रतनी नाम भी आपके ही बाबूजी का दिया है। आपने उसको बिगाड़कर नैना जोगिन दिया! किस कसूर पर? आप लोगों का क्या बिगाड़ा था रतनी की माँ ने जो इस तरह बोल-चाल, उठ-बैठ एकदम बंद!"

मैंने धीरे-से कहा, "ऐसे गाँव में अब कोई भला आदमी कैसे रह सकता है?"

लगा, नागिन को ठेस लगी; फुफकार उठी—"भला आदमी? भला आदमी? भला आदमी को 'पूछ-सिंग' होता है?"

"नहीं होता है। इसीलिए...।"

पूछ-सिंग जानवर, औरत-मर्द, नंगे-बेपर्द, अंधकार-प्रकाश, गुर्राहट-आँखों की चमक, बड़े-बड़े नाखून, बिल्ली-शिवा शैवा-गुह्यासया, योनिस्या भगिनी-भोगिनी महांकुश-स्वरूप, छिन्नमस्ता अट्टहास...!

अट्टहास सुनकर चौंका—रतनी कहाँ है? वह तो साक्षात नील सरस्वती थी!

इस बार गाँव में, गाँव के आसपास, यह खबर बहुत तेजी से फैली कि नैना जोगिन का 'जोग' माधो बाबू पर खूब ठिकाने से लगा है!... रमेसर की माँ को एक दिन खोयी हुई चीजें टोकरी में मिलीं—घर में ही। रतनी ने माधो बाबू को भेड़ा बनाया है तो माधो बाबू ने रतनी का 'विषदंत' उखाड़ दिया है। बोले तो अब एक भी गाली—गंदी या अच्छी?

रतनी और उसके नामर्द मर्द को मैं अपने साथ शहर लेता आया हूँ। डॉक्टर को अचरज होता है कि मैं रतनी के लिए इतना चिंतित क्यों हूँ! उन्हें कैसे समझाऊँ कि यदि रतनी को कोई बच्चा नहीं हुआ तो वह...वह मेरे बाग के हर पौधे को तोड़ देगी; गाँव के सभी पेड़-पौधों को तोड़ देगी; गाँव के सभी लोगों को तोड़ेगी; गाँव में हड्डियाँ बरसावेगी; नंगी नाचेगी, अश्लील गालियाँ देती हुई सभी को ललकारेगी! वह साँवली-सलोनी लंबी स्वरूप पूर्ण यौवना नैना योगन! जाँच-पड़ताल के समय जब रतनी की लंबाई नापी जाती है, वजन लिया जाता है, पेट टटोला जाता है... तो मेडिकल कॉलेज की लेडी स्टूडेंट्स से लेकर डॉक्टर तक हैरत से मुँह बाये रहते हैं! ...औरत, ऐसी?

पाँच दिन हुए हैं, पड़ोस के मलहोत्रा साहब की नौकरानी को दो दिन वह फ्लैट से नीचे उठाकर फेंकने की धमकी दे चुकी है। ...शहर की सड़ी हुई गरमी को रोज पाँच अश्लील गालियाँ देती है!

उसका घरवाला गाँव लौटने को कुनमुनाता है तो वह घुड़क देती है... "हाँ, जब आ गयी हूँ तो यहाँ हो चाहे लेहेरिया सराय, चाहे कलकत्ता... जहाँ से हो, कोख तो भरके लौटूँगी, गाँव तुमको जाना हो तो माधो बाबू टिकस कटाकर गाड़ी में बैठा देंगे। मैं किस मुँह से लौटूँगी खाली...?"

कोई जादू जानती है सचमुच रतनी!

कोई शब्द उसके मुँह में अश्लील नहीं लगता!

अगस्त, 1965

तीन बिन्दियाँ

गीताली दास अपने को सुरजीवी कहती है। नाद-सुर-ताल आदि के सहारे ही वह इस मंजिल तक पहुँच सकी है। सभी कहते हैं, उसकी साधना सफल हुई है। ...कितने भोले और बेचारे होते हैं लोग! साधना के सफल-असफल होने की घोषणा करनेवालों से वह पूछना चाहती है, सफल साधना का कोई सीधा-सा अर्थ। यह ठीक है कि अनेक असांगीतिक वातावरणों को गीताली ने अपने सुनहरे सुर और सुगम गीतों से संगीतमय कर दिया है, कि किसी भी संगीत-समारोह या सांस्कृतिक प्रतिष्ठान के संयोजक आज भी गीताली के नाम पर गीत-प्रेमियों को बटोर लेते हैं! ...किंतु, और कितने दिन? 'मीताली दी' की सफल साधना का क्या हुआ? गीताली ने अपनी बड़ी दीदी मीताली की गलतियों से लाभ उठाया है।...

विशुद्ध (?) ठुमरी गायिका मीताली की सफल ज़िंदगी के महज चौबीस महीनों के सामने अपने सुर-जीवन के 'रोल' किये हुए—परिपाटी से मुड़े हुए—अंश को खोलती है, धीरे-धीरे! नौ वर्ष? एक सौ आठ महीने कम नहीं!...

गीताली आजकल अक्सर अपने मन में उत्पन्न होनेवाले सहायक नाद का विश्लेषण करती है। ...सहायक नाद! जिसको ओवरटोन कहते हैं। नाद कभी अकेला उत्पन्न नहीं होता। उसके साथ-साथ अन्य नादों का भी जन्म होता है। उस स्वर को हम सुन पायें अथवा नहीं, मूल नाद से उत्पन्न होनेवाले इन नादों को सहायक नाद कहा जाता है। स्वयं ही जन्म लेने के कारण इन्हें स्वयम्भू स्वर भी कहते हैं। गीताली ने इन्हीं स्वरों की सहायता से सिद्धि और प्रसिद्धि प्राप्त की है; प्रार्थना के सुर में हरदम बजती हुई जिंदगी के सुर-ताल की सीमा से कभी बाहर नहीं गयी। सीमा को विस्तृत अवश्य किया उसने। ...लेकिन इधर कुछ दिनों से उसको भय होने लगा है। गीत गाते समय, मूर्त होते हुए राग एकाध बार अस्पष्टतर भी हुए हैं।...

...हुँ-ह-हूँ-हुँ-हूँ... जीवन हुआ है एक प्रार्थना-गीत की त-र-ह!

इस ज़िंदगी के कुछ अंश को काट लेती है गीताली, टुकड़े-टुकड़े करती है, मसल डालती है। फिर, चूर्ण-विचूर्ण क्षणों की सुर-कणिकाओं को सहायक नाद की सहायता से परखती है। डॉट-डॉट-डॉट! गीताली इन नन्ही-नन्ही तीन बिन्दियों को, आँखों के

सामने शून्य में उभरने वाली छोटी-छोटी तारिकाओं को, अब अच्छी निगाह से देखती है; पहचानती है इस शुभ चिह्न को!...

गीताली सुरजीवी है, किंतु साहित्य-जगत् की साधना और प्रगति का भी थोड़ा ज्ञान रखती है। उसके जीजाजी (जमाय बाबू!) अपने को अवसर की ताक में बैठा हुआ, किसी भी दिन प्रसिद्ध हो जानेवाला, प्रच्छन्न आलोचक मानते हैं टाइम-बोमा! ... टाइम-बोमा ना आलू-बोमा! गरम आलू-चॉप प्लेट में लेकर जीजाजी के कमरे में गयी थी वह। सुदर्शना-अदर्शना भी साथ थीं। दुष्टता-भरी हँसी को ज़ब्त करके गंभीर होने की चेष्टा करती हुई गीताली ने कहा था, "देखिए जमाय बाबू, यह आलू का बोमा यानी बम है! आलू के भुर्ते के शेल में हरे चने के दाने बंद हैं।... विशुद्ध घी में मर्जित इन अविस्फोटक बमों के फटने का नहीं, जुड़ाने का अवसर उपस्थित हो रहा है।... अब तक, यह भी आलू के रूप में ताक लगाकर बैठा था।"

शैतान सुदर्शना मुँह बनाकर बोली थी, "न-न आलू मत कहो। जमाय बाबू तो अवसर पाते ही टूटनेवाले हिंस्र प्राणी हो सकते हैं। शिकार सामने आया कि...।" हो-हो-हो! जमाय बाबू भी हँसे थे। किंतु दीदी बुरा मान गयी थी। ...जो भी हो, जमाय बाबू की किताब खरीदने की विचित्र आदत से गीताली और उसकी सखियाँ सुदर्शना-अदर्शना भी खूब लाभान्वित हुई थीं। कथा-साहित्य की अच्छी-बुरी पोथियाँ पढ़ने को मिल जाती थीं।...

आधुनिक कथा-साहित्य में एक वर्ग डॉटवादियों का भी है। डॉट-डॉट-डॉट! अब तक उठा नहीं है, किंतु प्रश्न किसी भी दिन उठ सकता है कि ऐसी डॉटमयी रचनाओं के रचयिताओं के दिमाग़ में सिर्फ़ डॉट-ही-डॉट तो नहीं! दिमाग की जगह, मछली के असंख्य अण्डों की थैली तो नहीं?... साधारण पाठक अधिकांश ऐसी बिन्दी-बूटेदार रचनाओं को भली नज़र से नहीं देखते। सारी किताब में पृष्ठ और पंक्ति में यत्र-तत्र सरसों के दाने की तरह बिखरी हुई बिन्दियों के बाहुल्य से पाठकों की आँखें किरकिराने लगती हैं!...

गीताली इन बिन्दियों को अलख-मुखर-जगत् की खिड़की समझती है, तीन गोल-गोल लाल काँचवाली। अंदर प्रकाश होता है, अलख-मुखर-जगत् का व्यापार शुरू हुआ।...

तीन बिन्दियों के सहारे अप्रासंगिक प्रसंगों और असंलग्न मुहूर्तों को रूपायित करनेवाले, किसी अन्य जगत् की हल्की छवि दिखानेवाले, प्याज़ के छिलके उतारनेवाले, ऐसे किसी शब्द-शिल्पी से कभी भेंट हो तो गीताली कहेगी—'मानो या न मानो; हैं ये सहायक नाद के चिह्न!' पूछेगी, 'इस ओवरटोन या सहायक नादों की सृष्टि स्वयं ही नहीं होती क्या! मन की अनगिन खिड़कियों से झाँकनेवाले चेहरे खुद नहीं बोलते

क्या?...बात बोलेगी, मैं नहीं। राज खोलगी बात ही।'... किसी शिल्पी का जवाब, गीताली के मन-बन में कौन पाखी रट रहा है!...

गीताली को हठात् मिस्त्री हाराधन यंत्रकार की याद आयी। कई मुखड़ों के उभरने और बिलाने के बाद डॉट-डॉट-डॉट! फिर मिस्त्री हाराधन यंत्रकार का एक तैलचित्र लटक गया उसके मन की दीवार पर!...न जाने यंत्रकारजी कहाँ हैं! गीताली अपने दोनों हाथों को जोड़कर शून्य में एक नमस्कार करती है।

ज़िंदगी के इर्द-गिर्द झंकृत होनेवाले सहायक नादों से प्रथम साक्षात् परिचय मिस्त्री हाराधन यंत्रकार ने ही करवा दिया था। मिस्त्री नहीं, गुरु मानती है हाराधन यंत्रकार को। यंत्रकारजी के मंत्र-बल से ही गीत-पागल हुई। '...जानती है खुकी, सफल शिकारी होने के लिए आदमी को सभी किस्म के शिकारियों से दीक्षा लेनी होती है; शेर-भालू के शिकारियों से लेकर व्याध-लुब्धक और सँपेरों की भी संगति करनी होती है। यंत्रकार कहो, मिस्त्री कहो या कारीगर, तुम मेरी नातिन की उम्र की हो। नाना की बात सुनोगी?...यंत्र के सहारे ही सहायक नादों की पाँच हज़ार आंदोलनयुक्त ध्वनियों की बारीकियों का उपभोग कर सकोगी। सदा ध्वनित होनेवाले जाने-अनजाने सुर में तुम्हारे जीवन का प्रत्येक क्षण मुखरित हो उठेगा।...'

अलख-मुखर-जगत् में दस वर्ष पूर्व की बातें मुखरित हो रही हैं।...

सुर-मंदिर के मैनेजर को कटुवचन को बाध्य हो गयी थी गीताली '...शहर की सबसे पुरानी और निर्भर-योग्य बाजे की दुकान की यह हालत! एक ही सप्ताह में तीन बार तानपूरा ठीक करवाकर ले गयी, फिर जैसे-का-तैसा! गीत के बीच में ही साथ छोड़ देता है।....रोग क्या है, यह बतानेवाला कोई विशेषज्ञ नहीं आपके पास? तो सुर-मंदिर कहूँ या असुर-मंदिर?' मैनेजर का मुँह बेजान माइक की तरह गोल खुला रहा। गीताली तानपूरा लेकर सुर-मंदिर की सीढ़ियों से उतर गयी थी, फिर कभी न लौटने की प्रतिज्ञा करती हुई। एक-दो-तीन...!

"ओ दीदी, सुनेन, सुनेन!" कुछ दूर चलने के बाद, पीछे से पुकार सुनकर गीताली मुड़ी—एक नाटा-भूटा, गोल-मटोल लड़का लुढ़कता हुआ आ रहा है फुटपाथ पर। कौन है यह, किमाकार छोकरा? लड़के ने निकट आकर नमस्कार किया—"आप गीताली दी हैं? हैं न?...हें-हें, हें-हें तानपूरा क्या, सुर-मंदिर में सभी बाजों का गला इसी तरह घोंटा जाता है। जब से मिस्त्री हाराधन यंत्रकार सुर-मंदिर को सलाम करके निकल गया है, सभी असुर ही रह गये हैं। आपने ठीक ही कहा है गीताली, दी!..."

गीताली ने देखा, लड़का अकाल-परिपक्व नहीं, किसी ग्रंथि-विकार का शिकार है। बौना नहीं, नाटा और बगैर मूँछोंवाला घुघलू! उसने अपना नाम बताया—घुघलू! ...असम की ओर कहीं जन्म हुआ। मिस्त्री हाराधन यंत्रकार के साथ गत पंद्रह-बीस

वर्षों से है। कलकत्ते में सात-आठ साल, दो-तीन वर्ष इधर-उधर और यहाँ भी करीब पाँच-सात साल हुए।...

घुघलू ने बताया, "मिस्त्री हाराधन यंत्रकार अब किसी की दुकान में काम नहीं करता; अपनी गली से बाहर कहीं आता-जाता नहीं। गली में क्या, अपने कमरे से बाहर निकलने की छुट्टी नहीं।" घुघलू ने कई नये-पुराने यंत्रवादकों के नाम गिनाये—"जिन्हें ज़रूरत होती है, मिस्त्री हाराधन यंत्रकार को खोजकर पहुँचते हैं, कलकत्ते से, लखनऊ से, काशी से।..."

गीताली तुरंत राज़ी हो गयी। घुघलू ने रिक्शेवाले को आवाज़ दी—"ए रिक्शावाला, महल्ला, दूधकूप चलेगा?"

महल्ला दूधकूप की एक गली में कुछ दूर जाने के बाद घुघलू एक खपरैल के घर के पास रुका। बंद किवाड़ों के एक छेद में आँख लगाकर अंदर के वातावरण का अंदाज़ा लगा लिया। फिर साँकल हिलाने लगा। अंदर से किसी असंतुष्टात्मा की खनखनाती हुई आवाज़, बंद किवाड़ों के छेदों से सुनायी पड़ी। अंदर के व्यक्ति को बहुत-से प्रश्नों के उत्तर देकर कुछ संतुष्ट किया घुघलू ने। तब जाकर दरवाज़ा खुला। लगा, अंदर के किसी व्यक्ति ने अपने कमरे से ही रस्सी खींचकर चटखनी खोल दी। घुघलू अंदर गया। एक कर्कश झिड़की सुनायी पड़ी—"फिर किसको जुटा लाये, कहाँ से?..."

घुघलू की दबी आवाज़ से स्पष्ट था कि वह अनुनय के स्वर में कुछ कह रहा है—"मास्टर, ना, बलबेन ना।...उसके सब किये-किराये पर पानी फिर जायेगा।..."

बाहर खड़ी गीताली को घुघलू की यह घिघियाहट अच्छी नहीं लगी। लेकिन बेसुरे बाजे को लेकर क्या रियाज़ कर सकेगी! वह चुप रही। एक कुढ़ी आत्मा और विकृत चेहरेवाले अधेड़ ने दरवाज़े से झाँककर पूछा, "क्या हुआ?...सुर-मंदिरवालों ने तेरह-ठो बजाय दिया है बाजा का। छोड़ जाओ, तीन दिन बाद आना।...वाह! इसका खोल तो खूब बहारदार है। यंत्र का यत्न भी लेती है या?"

गीताली चमत्कृत हुई थी हाराधन यंत्रकार की बातचीत सुनकर। सधे हुए स्वर में बेकार कोई झनक कर्कशता की सृष्टि कर रही है। वह चुप ही रही। यंत्रकार ने थोड़ी देर तक गीताली की मुद्रा को पढ़ने की चेष्टा की। फिर कहा, "क्या किंतु-परंतु सोच रही है खुकी?" यंत्रकार का सुर कोमल हुआ, "दस मिनट का काम नहीं, बेसुरे को सुरवान बनाना।...आओ, अंदर आओ!..."

हाराधन के कमरे में प्रवेश करके गीताली प्रसन्न हुई थी। दीवारों पर ग्रामोफोन रेकार्ड कंपनी द्वारा प्रचारित भारत-प्रसिद्ध कलाविदों की तस्वीरें लटक रही थीं। एकाध प्रशंसा-पत्र अथवा सर्टिफिकेट की तरह की चीज़ें! फर्श पर विभिन्न वाद्य-यंत्र बिखरे

हुए थे।...रेडियो पर वाद्य-संगीत के कार्यक्रम में सरोदवादन हो रहा था।...अकराम! उदीयमान सरोदवादक अकराम, स्वरचित गत 'अर्चना के बोल' प्रस्तुत कर रहा था। रह-रह कर सरोद के तारों से शंख और घंटाध्वनि प्रतिध्वनित होती थी। हाराधन यंत्रकार ने अपने छोटे, पुराने रेडियो-सेट की ओर उँगली दिखाकर कहा, "सुन रही हो? सात साल हुए अकराम के इस सरोद को। अभी तक जस-का-तस है। यंत्र का यत्न माने यंत्र की पूजा!"

हाराधन ने सितार, सरोद, सुरबहार, दिलरुबा, वीणा आदि के प्रसिद्ध वादकों के नाम लिये। गीताली स्वीकार करती है कि पाँच मिनट के परिचय में यंत्रकार की बातों पर विश्वास नहीं जमा सकी थी। यंत्रकार ने भाँप लिया। अपनी अटैची से कई नयी-पुरानी चिट्ठियाँ निकालकर गीताली के सामने रखते हुए बोला, "पढ़ो तो!..."

कलकत्ता से भारत-प्रसिद्ध (स्वर्गीय) सितारवादक उस्ताद कादिर हुसेन का आत्मीयता से भरपूर एक खत पाँच साल पहले का : 'भाई हाराधन, तुम तो सचमुच हाराधन हो गये हो हमारे लिए। ...मेरे यंत्र को कुछ हो गया है, फिर जिस-तिस के हाथ में देने का साहस नहीं करता। जानता हूँ, तुम कलकत्ते नहीं आओगे। मैं ही आ रहा हूँ तुम्हारे पास।...'

रेडियो पर, तब योगेन्द्र सूरी का वायलिन हेमन्त के राग-विस्तार की तैयारी कर रहा था।... कौन कहता है कि साज़ बेजान होते हैं!

गीताली मुग्ध होती गयी। छोटे-बड़े सुरशिल्पियों और उस्तादों के प्यारे-प्यारे पत्रों ने, अकराम के 'अर्चना के बोल' ने, योगेन्द्र सूरी की वायलिन ने, घुघलू की गुरुभक्ति ने, सभी ने मिलकर गीताली के सामने मिस्त्री हाराधन यंत्रकार की आत्मा की सच्ची तस्वीर उपस्थित कर दी।...

घुघलू स्टोव जलाकर चाय की तैयारी में व्यस्त था। बीच-बीच में अपने उस्ताद की बातों में टीप के बंद की तरह अपनी राय टाँक देता—महादेवलालजी तबलिया हारा हैं, आदमी नहीं।... खाँ साहब तो दाता पीर ही थे; पाकेट से मुट्ठी-भर नोट निकालकर 'परबी' देते थे। ...मुन्नूजी सरंगिया मुझसे बहुत नाराज है उस दिन से।...

घुघलू चाय दे गया। चाय की पहली चुस्की लेने के बाद हाराधन यंत्रकार ने कहा, "यंत्रकार कहो या कारीगर। बेसुरा नहीं कह सकता कोई। ...यह तो अपने किये का फल भोग रहा हूँ खुकी! बेजान लकड़ी, तार तथा सूखे चमड़े पर सुर चढ़ाकर जीवन बिताने के सिवा और क्या चारा है अब? शापित जीवन बिता रहा हूँ।... तुम मेरी नातिन की उम्र की हो। विश्वास करोगी, मैं भी गाता था।... मेरी आवाज़ सुनकर हिरणों के झुंड दौड़े आते थे।..."

यंत्रकार ने फिर अपनी अटैची के ढक्कन को उठाया। कुछ ढूँढ़ता हुआ बोला, "मैं जानता हूँ, तुम विश्वास नहीं कर रही हो। खोलकर कहना होगा। ...जीबछपुर स्टेट के राजा जीवत्सनारायण देवज्यू का नाम सुना है? शिकार के अनुभव पर एक मोटी और मशहूर किताब लिख गये हैं अंग्रेजी में। उसमें देखना... पब्लिक लायब्रेरी में है वह किताब... देखना, पृष्ठ बारह, बाईस, चालीस और पचपन में मेरा ज़िक्र है। ग्रुप तस्वीर में मुझे देखकर नहीं पहचान सकता कोई अब!... राजा साहब शिकार के अलावा संगीत की भी चर्चा करते थे। उनकी शिकार पार्टी में जेफरी कॅर्डाइन 333-बोर रायफल के साथ सितार की भी आवश्यकता होती। तीन-चार बड़े उस्ताद और दर्जनों शिष्य उनकी ड्योढ़ी में पलते थे। मेरे गुरुजी पंडित शिवबालक झा उसी दरबार के गायक थे।..."

गीताली ने अपनी घड़ी देखी। घुघलू इस बार एक गिलास में चाय बनाकर ले आया। बोला, "इस कथा को सुनाते समय मेरे उस्ताद इसपिसल चाय पीते हैं।"

जेब से एक गंदा रूमाल निकालकर गिलास में लपेटते हुए यन्त्रकार ने गीताली की ओर देखा—"खुकी, तुमको देर हो जायेगी, फिर किसी दिन सुना दूँगा कि कैसे हिरणों के झुंड दौड़ते आये थे।..."

गीताली हँसी थी—"आधी कहानी सुनने से आधे सिर में दर्द होता है।"

"सुनने से या सुनाने से? जो भी हो, मैं निश्चिंत हूँ। सिर-दर्द से डरें सिरवाले। हम पेटवाले हैं!..."

गीताली फिर हँसी। ...जब-जब गीताली हँसती, यंत्रकार की दाहिनी कनपटी के पास की चमड़ी नाचने लगती। झुर्रीदार विकृत चेहरे पर एक चमचमाहट छा जाती।

"तो सुनो।..."

...उस बार गुरु ने कृपा की दृष्टि हाराधन पर भी फेरी। शिकारपार्टी में साथ चलने का आदेश दिया। अब, जंगल में मंगल मनाने की कितनी कहानियाँ सुनाये हाराधन! लिखने से एक मोटी किताब तैयार हो सकती है। ...राजा साहब असली शिकारी थे।

...नेपाल की तराई के मधुमारा जंगल में किरात-सरदार ने चीतलों का शिकार करके दिखाया था। ...तराई के जंगलों के बीच थोड़ी-सी खुली जगह, जिसको 'ग्लेड' कहते हैं अंग्रेजी में! चाँदनी जहाँ लंबे-लंबे शाल-वृक्षों की फुनगियों पर टँगती नहीं रहती, श्यामल-मसृण घास पर बिछ जाती है। पास ही बहती हुई पहाड़ी नदी, जो कलकल-कुलकुल नहीं करती। हवा फुसफुसाकर बात करती है। ...चाँदनी, चैत की! प्रकाश में एक ठूँठ विस्मित-सा खड़ा है। छाया में कोई इशारे से कुछ कहता है और सारी तराई में, तराई के जंगलों में एक दर्द-भरी पुकार मँडराने लगी। ...कामातुरा

हिरणी की पुकार! नदी के शीतल जल से प्यास बुझाते हुए चीतलों के मन-प्राण में एक दूसरी प्यास जल उठती है, दपदपाकर। हिरणी रह-रहकर पुकार उठती है। ...चाँदनी में नर चीतलों के झुंड दिखायी पड़े। ...हर चीतल की देह के चकत्ते स्पष्टतर हो जाते हैं। प्रकाश में खड़ा ठूँठ विस्मय अथवा आवेश से हिलता-डुलता है। छाया में फिर कोई इशारा करता है—सिस्-सिस्!...फिर चाँदनी में तारों की चमक... खच्च-खच्च...!

...इसके बाद, मृत-प्रेमियों की लाशों से अपना-अपना तीर खींचकर किरातों के दल नाचने लगे—हा-हिरा-हा-हिरा-हा-हिर्र-र-र-र-ा-ा!

...एक मादा-चीतल को बचपन से पालकर, नकली पुकार पुकारने की बाज़ाब्ता शिक्षा दी जाती है। उस्ताद हिरणी के गले के नीचे उँगलियों से फुरहरी लगाता रहता है और हिरणी समय-असमय पुकार उठती है।

...इस शिकार को देखने के बाद राजा साहब अस्वस्थ हो गये थे। पता नहीं, उन्होंने इस पद्धति से फिर कभी शिकार किया या नहीं, हाराधन के सिर पर इस शिकार का भूत सवार हो गया था किंतु कामांध चीतलों की चीख, कराह, छटपटाहट और दम तोड़ना देखकर उसके अंदर का किरात आनंद से किलकिला उठा था! .... संगीत-साधना छोड़कर हाराधन किरात-सरदार के पास भाग गया।

...हर साल चैत की चाँदनी रातों में तीन-चार बार यह शिकार होता है। शिक्षिता-मादा-चीतल के साथ उसके शिक्षक की भी पूजा करते हैं किरातगण। ऐसी हिरणी बहुत कीमती और अलभ्य संपत्ति समझी जाती है। ...साल-भर तक हिरण के मांस का सुखौता, आग में भूनकर खाते समय हर किरात 'हा-हिस' कहकर उसको स्मरण करता है। ...उस बार तीनों-चारों शिकारों में हाराधन किरातों के साथ रहा। साल-भर किरातों के साथ रहकर भी वह मादा-चीतल को शिक्षा देने का भेद न सीख सका। एक नम्बर पहाड़ के जितने भी पहाड़ी गाँव थे, उन सभी गाँवों के बीच बस एक ही मादा-चीतल थी और उसका मालिक ही एकमात्र गुणी। मूलधन हिरणी!

...किंतु हाराधन ने इस मूलधन को सस्ता कर दिया, अपनी साधना से। मादा-चीतल की क्या आवश्यकता? हाराधन कामातुरा मादा-चीतल की तरह पुकार सकता है।...किरात-सरदार ने परीक्षा के लिए शिकार का आयोजन किया। चैत की चाँदनी ही क्यों, जब चाहो तब शिकार करो। बारहों महीने...।

...चाँदनी रात! रात का अंतिम पहर... ब्राह्मवेला में हाराधन ने पहली पुकार दी थी—अविकल-नकल! ...चतरागद्दी के पास, कोसी के किनारे की सफेद-हरी भूमि पर दर्जनों चीतल दौड़ आये थे। ...खच्च-खच्च...!

...हाराधन की पूजा होने लगी, एक नंबर पहाड़ में इलाके की सबसे अधिक सुंदरी उसकी सेवा में तैनात हुई। ...किरात-सरदार उसकी जान का दुश्मन हो गया। ...उस

बार भीषण भूकंप हुआ था—1934, जनवरी। भूकंप के तीसरे दिन सभी किरातों ने स्वीकार कर लिया—यह दैवी कोप हाराधन के कारण ही हुआ है।

...भगवती की कृपा! नारी की कृपा से उसकी जान बची। ...मृगचर्म बगल में दबाये गुरु की सेवा में उपस्थित हुआ। गुरु के सामने, राजा साहब के बाग में अपने कंठ की कला प्रस्तुत करके एक नयी विपदा की सृष्टि कर दी उसने। ...उस बार चीतल का शिकार देखकर राजा साहब किसी मानसिक रोग के शिकार हो गये थे। बहुत दिनों तक इलाज होने के बाद कुछ स्वस्थ हुए ही थे कि हाराधन की पुकार सुनायी पड़ी। राजा साहब फिर अस्वस्थ हो गये। ...पुराने शिकारी थे! आवाज़ सुनते ही चीख पड़े—वही, वही मादा-चीतल, छलिनी हिरणी, डायन स्पॉटेड डियर, चित्रा...! एक्सप्रेस-500 रायफल हाथ में लेकर शब्द-भेदी निशाना लेकर फायर किया। हाराधन अपनी पुकार के सम पर आ ही रहा था... उसके गुरु पंडित शिवबालक के कलेजे में एक सॉफ्ट नोज्ड एक्सपैडिंग बुलेट आकर घुस गया। हाराधन के गुरु शिष्य द्वारा समर्पित मृगचर्म पर बैठे थे। ...चीतल के चमड़े पर आज भी खून के दाग हैं।... हाराधन भागा। जहाँ जाता, ऐसी ही अघटक घटनाएँ घटने लगीं।

कान पर हाथ रखकर हाराधन ने आँखें मूँद लीं। बोला, "तब से, तभी से, गले में एक कर्कश धातव खनक पैदा हो गयी। ...मैंने वाणी को कलंकित जो किया था! ...सुर बाँधने का काम करने लगा। लेकिन...लेकिन...!"

घुघलू एक पुराना मृगचर्म ले आया अंदर से। यंत्रकार ने कहा, "यह उस चंचल युवा नर-चीतल की खाल है जो चार-चार तीर सीने पर खाकर भी मेरे पास पहुँच गया था। मेरे सामने इसने अपनी टाँगें फेंक-फेंककर जान दी थी।... गुरुजी इसी पर बैठे थे, क्षण-भर!"

हाराधन यंत्रकार ने मृगचर्म को उठाकर श्रद्धापूर्वक सिर छुवाया। फिर गीताली के सामने रखकर बोला, "उस स्वर्ण-मृग का क्या नाम था, मारीच? ...और सीताजी को उस मृगचर्म पर बैठने की वासना या लालसा ही क्यों हुई? रामायण में कहीं है लिखा हुआ कुछ? ...कोई साधना करने के लिए ही, संभवतः!"

हाराधन यंत्रकार ने नेपाल तराई की श्यामल वन्य भूमि, वहाँ की हरी-भरी माया की डोरी से अपनी कथा को बाँधते हुए कहा था, "खुकी! ...नातिन ही कहूँगा अब, नाना मानती हो तो! अच्छा, अच्छा! कल भी आओगी? बहुत अच्छा..."

दूसरे दिन भी गयी, गीताली। यंत्रकार ने मिलते ही गीताली की हथेली देखने की इच्छा प्रकट की । गीताली ने अपने दोनों हाथों की तलहथी फैला दी। "...हूँ-ऊँ! तुम्हारी दीदी मीताली जो कुछ नहीं कर सकी, वह तुम्हारे द्वारा संभव होगा। निश्चय!" गीताली ने देखा, यंत्रकार उसकी दीदी के संगीत-जीवन की छोटी-बड़ी बातों के

अलावा जीवन की छोटी-बड़ी घटनाओं से भी वाकिफ़ है। यंत्रकार ने कहा था, "नातिन, बुरा मत मानना। तुम्हारी दीदी ने उस टमाटर-जैसे आदमी से ब्याह करके सबकुछ नष्ट कर दिया। ...ऐसे खटमल को देखा है जो खून चूसकर लाल-गोल बूँद जैसा हो जाता है? खटमल ही है वह व्यक्ति! तुम्हारी दीदी का सबकुछ चूस लिया। ...क्या? साहित्यिक है? वह क्या बला है...?"

बातचीत के बीच में कभी-कभी यंत्रकार ऐसे ही उखड़ी-उखड़ी बातें करने लगते हैं। अपने जमाय बाबू की टमाटर और खटमल से तुलना सुनकर उसे ज़रा भी दुख नहीं हुआ। उसने सहमति में अपनी गरदन हिलायी—"ठीक कहते हैं आप! बला ही है।...दीदी भोग रही हैं। तिल-तिल कर मर रही हैं।..."

संगीत-जगत् से दिलचस्पी रखने वाले लोग असमय में विलुप्त हुई मीताली की प्रतिभा के लिए विभिन्न जनों को दोषी मानते हैं। कोई उनके गुरु का दोष बताता है, कोई उनके अकाल-मातृत्व की दुहाई देता है, किंतु मीताली के पति की ओर कोई उँगली तक नहीं उठाता... जबकि दीदी की ज़िंदगी में घुन इसी व्यक्ति ने लगाया। ...'शुचिबाय', पवित्रता का वहम! ...जमाय बाबू को 'विशुद्ध' बोलने का मुद्रादोष है। अशुद्ध? विशुद्ध संकुचित मुख-मुद्राएँ! ...दीदी अब बाथरूम में ही गाती हैं। हाथ की उँगलियों की ओर तलहथी की चमड़ी हमेशा पानी में रहने के कारण सिकुड़ी रहती है। ...दिन-भर कपड़े धोती हैं।...

घुघलू भी पहचानता है मीताली दी को। बात में फोड़न देते हुए बोला, "जिस आसर (महफ़िल) में मीताली दी का प्रोग्राम होता था, उसमें एकाध बार लाठी ज़रूर चलती थी भीड़ पर। ...क्या हो गया?..."

होगा क्या? उनके पतिदेव संगीत सुनकर ही मुग्ध हुए थे। संगीत में भी ठुमरी! मीताली दी की ठुमरी में कुछ ऐसी विशेषताएँ थीं, जिनके कारण, उन दिनों मीताली-ठुमरी नाम की एक नयी धारा ही प्रचलित हो गयी थी। विवाह के बाद सर्वकला-मर्मज्ञ पतिदेव ने प्यार से समझाया—"मीताली रानी, ठुमरी ही गाती हो तो विशुद्ध ठुमरी गाओ।" पतिदेव की इच्छा! फिर क्या, दीदी धीरे-धीरे एक राग-विशेष के आश्रय में रियाज़ करने लगीं। ...लखनऊ और बनारस की ठुमरी बिना किसी मिलावट के सुनाने लगीं। ...गुरुजी ने विरोध किया था। उन्होंने मीताली दी के पति को समझाने की चेष्टा की थी—"ठुमरी को आंचलिक संगीत के प्रवाह ने ही अब तक पुष्ट किया है। खयाल की अनुगामिनी मात्र नहीं है। देहाती सुर से समन्वित ठुमरी, उस्ताद बड़े...।"

"बड़े-बड़े उस्तादों की बड़ी-बड़ी बोलियाँ मत सुनाइए पण्डितजी! मैं ठुमरी का इतिहास जानता हूँ। ...सवाल है विशुद्धता का! ...ठुमरी के नाम पर वर्णसंकर चीज़ें सिखानेवालों को मैं संगीतज्ञ नहीं मानता।..."

मीताली दी खड़ी गुरु की फ़जीहत देखती रहीं। कुछ बोलीं नहीं!

अब तक मीताली दी अपनी काफ़ी या खम्माच की ठुमरी में कभी कीर्तन, कभी भठियाली और कभी पूर्वी का स्पर्श लगा देती थीं। उनकी प्रसिद्धि का एकमात्र रहस्य यही था। मूल राग से आँख-मिचौली खेलती हुई छोटी-छोटी, आंचलिक रागिनियाँ अजाने ही श्रोताओं को मोह लेतीं। ...मीताली दी ने निर्दयतापूर्वक उनका परित्याग किया। ..."क्या सुबह-सुबह बाजूबन्द खुलि-खुलि जाय खुलि-खुलि जाय...! मीताली रानी! बन्द करो, भगवान के लिए।" ...ठुमरी बहुरूपी...! जिस बेसेण्ट-हॉल में उनकी प्रतिभा का उदय हुआ था, उसी मंच पर अस्त भी हुआ। गीताली कैसे भूल सकती है उस रात को। उस दिन गीताली के घर मातम छाया हुआ था। गुरुजी फूट-फूटकर रो रहे थे... शरदोत्सव संगीत-समारोह में मीताली दी अलाप के अंग को पूरा भी नहीं कर पायी थीं कि हॉल में कुत्ते-बिल्ली की बोलियाँ प्रतिध्वनित होने लगीं। तरह-तरह की फब्तियाँ—"मेटेरनिटी सेंटर में भेजो! ...कण्डेम्ड-माल बंडल!..."

तीन दिन के भूखे-प्यासे हारे गुरुजी के सामने गीताली ने प्रतिज्ञा की थी। उसी दिन गीत-व्रत लिया था गीताली ने। सरल-सुगम-सहज-संगीत को स्वतंत्र मर्यादा दिलायेगी!...मीताली दी की परित्यक्ता रागिनियों को उदारतापूर्वक आश्रय दिया उसने।...

रेडियो से समाचार प्रसारित होने लगा तो गीताली को समय का ज्ञान हुआ। वह चुपचाप बैठकर यंत्रकार को काम करते देख रही थी। यंत्रकार आँखें मूँदकर बैठ गया। ...समाचार सुनते समय वह इसी तरह आसन लगाकर बैठता। ..."विशाल विश्व-यंत्र को स्पर्श करने का सुख अनुभव करता हूँ, समाचार सुनते समय! समझी नातिन।..."

इसके बाद घुघलू ने रेडियो बंद कर दिया। गीताली के तानपूरे को गोद में लेकर यंत्रकार ने कहा, "देखती है, इसमें सिर्फ़ चार ही तार हैं। किंतु इन्हीं चार तारों से सात स्वर उत्पन्न होते हैं। ...तुम्हारी दीदी ने सहायक नाद की उपेक्षा की। तुम ऐसा न करना। सौभाग्य से यंत्र तुम्हारा उत्तम है।..."

इसके बाद यंत्रकार गीताली के तानपूरे से उलझ गया। "...'प' स्वर में बँधे हुए तार से 'ध नि रे' ही सहायक नाद के रूप में झंकृत होगा। 'सा रे ग म' क्यों? ...और इसी के साथ तुम अखिल भारतीय सुर-संगम-समारोह में भाग लेने जा रही थीं? राधे-राधे!..."

गीताली को राधेश्याम की याद आयी, राधे गिटारिस्ट! जो प्रतिभा विकसित होने के पहले ही शेष हो जाये, उसके लिए किसको दुख नहीं होगा? ...पँचरंगा जैकेट और तलवारकट मूँछें! उन दिनों गीताली के घर बहुत आता-जाता था। गीताली के कई

गीतों के साथ उसने संगत भी की थी। ...उस दिन यंत्रकार के यहाँ से लौटी तो राधेश्याम प्रतीक्षा में बैठा हुआ था, जाने कब से। माँ रामकृष्ण आश्रम में कीर्तन सुनने गयी थी। ...राधेश्याम! राधेश्याम के चेहरे को उसने गौर से देखा था। यंत्रकार के कथनानुसार हर कलाकार के मुख-मंडल के इर्द-गिर्द सुरलहरी काँपती रहती है। सिम्फनी कन्सर्ट के कंडक्टर मिस्टर रैंकिन को पहली बार देखते ही हाराधन यंत्रकार ने उसके चेहरे के आस-पास लहराती हुई सुर-लहरी को देखा था। 'सी' माइनर से 'ई' फ्लैड...पियानो, हॅर्न, ओबो...क्लारिनेट...।

राधेश्याम के मुख-मंडल के पास सुर-लहरियाँ लहरा रही थीं। वह पीकर धुत्त था। गीताली की चुप्पी का गलत अर्थ लगाकर उसने लड़खड़ाती हुई आवाज़ में कहा था–"डा-र्लि...!...डि-ड्-डि-डि-डि-डा-डि-डा डि-डा-आ-आ!...गी-टा ली, माई गिटा-आ!" ...अकराम के 'अर्चना के बोल', शंख-घंटाध्वनि, धूप-गंध... राधेश्याम की गिटपिटायी बोली और शराब की गंध! ...गीताली के सबसे छोटे भाई की उम्र का यह राधेश्याम।

इतनी हिम्मत इसकी! गीताली चुपचाप अंदर चली गयी थी।...

राधेश्याम से पीछा छुड़ाया, तो जमाय बाबू के एक मित्र का आविर्भाव हुआ। गीतकार थे। जीजाजी के शिष्य थे। ...उन्होंने गीताली की ज़िंदगी के सभी गीतों का ठेका लेने की बात चलायी। ..."कहो तो दिन में पाँच मधुर गीतों की रचना करके दिखा दूँ। तुम गीत-गीत की पंक्ति-पंक्ति में तीन बिन्दियों-सी बिखरी हो, सजनी-ई-सजनी-ई, तुम...!"

राधेश्याम एकाध फिल्मी धुन को लेकर जी रहा था। जमाय बाबू के गीतकार शिष्य को कोई सजनी मिल गयी होगी!...

अकेली गीताली! गीत गूँथती, सुर देती, गाती। ...दस वर्ष से गा रही है। यंत्रकार ने एक और बात बतायी थी–"गंध! गीतों से गंध का परिवेशन कर सको, ऐसी साधना करो!..."

तीसरे दिन यंत्रकार का मूड बदला हुआ था। घुघलू बाहर था। गीताली चुपचाप कमरे के कोने में बैठ गयी। अखिल-भारतीय-सुर-संगम-समारोह की अंतिम तिथियों की घोषणा हो चुकी थी। गीताली ने यंत्रकार से कहा, "नाना, आशीर्वाद दीजिए! निमंत्रण मिला है।"

घुघलू एक दोने में घुघनी और कचरी ले आया। देखते ही यंत्रकार का मूड सुधर गया। अंदर से गीताली का तानपूरा ले आया घुघलू। बहारदार खोल से निकालकर गीताली की ओर बढ़ा दिया यंत्रकार ने–"लो! सुधर गया है। सबको सुधार देगा! इसकी पूजा नहीं, तो इज्ज़त जरूर करना!"

गीताली ने उँगलियों से तारों का स्पर्श किया। हाराधन यंत्रकार ने इधर-उधर

देखकर कहा, "मेरी एक बात मानोगी? अपनी उँगलियाँ छूने दोगी? ...हाँ-हाँ...नातिन को अचरज हो रहा है कि बूढ़े की यह क्या आदत, कभी तलहथी देखना चाहता है, कभी उँगलियाँ छूना चाहता है। हो-हो?..." गीताली की उँगलियों को उसने अपने सिर से छुलाते हुए कहा, "मुझे भय था, तुम्हारे नाखून काटने का ढंग गलत तो नहीं!" ...उँगलियाँ पकड़े ही हँसकर पूछा था, "की नातनी? मने की बाजछे? क्यों? क्या बज रहा है मन में? क्या कहता है मन? किस सुर में..."

उस दिन गीताली ने हँसकर जवाब दिया था—"कहो, कोई अजानी रागिनी तो नहीं बजती!" ...किंतु आज? ...आज वह सुनती है स्पष्ट—ऐसी रागिनी, जिसको वह बाँध नहीं पाती। ...उसका यंत्र नहीं हारता, वह हारने लगती है। ...कहाँ है यंत्रकार? है या...?

उस बार अखिल भारतीय-सुर-संगम-समारोह में सर्वोच्च स्थान प्राप्त करने के बाद ही नाना हाराधन यंत्रकार को प्रणाम करने गयी थी!... सुनकर अवाक् हो गयी, घुघलू-सहित हाराधन यंत्रकार फरार है। सुर-मंदिरवालों ने औज़ार-पाती तथा बहुत-सी चीज़ों की चोरी का इल्ज़ाम लगाकर रपट की है। ...इसके बाद, दस वर्ष हो रहे हैं। ... 'नाना, मैं तुमको नानाधन कहूँगी। नानाधन! तुम अपना मृगचर्म मुझे दो। मैं इस पर बैठकर साधना करूँगी।' '...करोगी? ...करोगी? डरती नहीं? इस अशुभ मृगचर्म से तुम्हारा कोई अशुभ न हो जाय!'... मृगचर्म को सिर से छुवाकर, गीताली ने एक ओर रख दिया। ...इस पर बैठकर उसने साधना की है। ...चीतल, चित्रा... चन्दन के चकत्ते...खून के धब्बे... डॉट-डॉट-डॉट!...

दस वर्ष बाद, आज नाना हाराधन यंत्रकार को स्मरण करते समय मन इमन के पद-विन्यासों का व्यवहार कर रहा है। ...गीताली अब स्वयं को एक यंत्र समझती है। किसी अनचीन्हे की उँगलियाँ उसे छेड़ जाती हैं बार-बार! ...अलख-मुखर-जगत् के व्यापार में बाधा पड़ी। तीनों जलती हुई बिन्दियाँ बुझ गयीं। दरवाजे पर डाकिया पुकारकर चिट्ठियाँ दे गया। ...कुमारी गीताली दास... 'गीत महल'...!

हे देव! ...हे देवी... यह क्या? यह सपना तो नहीं? ...क्या यह सच है? भारत प्रसिद्ध सितारवादक अकराम का प्रणय-निवेदन-भरा पत्र है यह तो! ...शंख-घंटा-ध्वनि ...धूप-गंध! अर्चना के बोल! ...ललित में!... विलम्बितद्रुत!... यह कैसे संभव हुआ? दस वर्ष से छिपी हुई बात फैल गयी!...माँ!...

अकराम के खत में स्वर है! इसकी पंक्तियाँ झनक रही हैं। ...शंख और घंटाध्वनि के बीच अकराम का कंठ-स्वर सुनती है गीताली! चिरसंगी तानपूरे का सहारा लेती है वह। दोनों हाथों से जकड़कर पकड़ती है। ...चारों तारों से अकराम का कंठ-स्वर प्रसारित होता है!...'गीताली! गीताली...मैं हूँ अकराम। पिछले आठ साल से सुन रहा

हूँ, सुन रहा हूँ क्यों, उपभोग कर रहा हूँ, तुम्हारे गीतों की गंध।...धान कूटती हुई, चक्की चलाती हुई, ढोर चराती हुई, सुंदरियों की देह की नमकीन गन्ध, धान के खेतों की, पोखर और घाट पर पानी भरती हुई सुंदरियों के आँचल की... गंध... सुगंध... किसी वनफूल की... सुरभिमय गीतों की गायिका ने मेरी घ्राण-शक्ति तेज़ कर दी है। ...मैंने गीत-गंधा और गीताली-गंगा नामक दो गीतों की रचना की है। ...उस दिन, किन्तु तुमने कंजूसी की है, या...? ऐसा न करो। मैं तुम्हारे कंठ से अभी तक अनगाये गीतों का अवतरण कराऊँगा। गीत-गंधा! मैं अपना सौभाग्य समझूँगा तुम्हारा साथ...'

और यह दूसरी चिट्ठी भी बोलती है खनकवाली आवाज़!... खोये नानाधन-हाराधन ...'ओ-गो नातिन! शिव प्रसन्न हुए हैं। आँखें खोलो। ...पिछले सप्ताह, तुमको सुनने के बाद ही मेरे घर दौड़ा आया मास्टर! तुम्हारी नातिन का दिल छोटा हो रहा है या दिल चुरा रही है? लेकिन तुम्हारी चीज़ की गरमी उसकी रगों में उतरी हुई थी। बड़बड़ाने लगा मास्टर। आज तुम्हारी नातिन कचनार के पेड़ के नीचे घड़ा-भर मधु लेकर बैठी थी, गीत की किताब भी थी...किंतु...अनेक किंतु बोल गया...कृन्तण...यह छटपटा रहा है नातिन! ...क्यों, मन में क्या बज रहा है... बाहर बसंत स्वयंभू नाद की कृपा है सब! जाति-विचार? शिल्पी की जाति?... ग्राम-जाति-वादी-संवादी आदि राग को परखने के समय!...'

तीसरा खत गूँगा है!... पिछले तीन साल के शुभ अवसरों पर कलापूर्ण कार्ड आँककर भेज रहा है...कलाकार। रामकृष्ण आश्रम के वार्षिकोत्सव में मंडप और वेदी आदि की रचना करके मनहर राय ने सभी का मन मोह लिया था। ...गीताली वेदी के पास घंटों चुपचाप खड़ी रह गयी थी... क्षमा करना मनहर, गीताली चिर-ऋणी रहेगी तुम्हारी। ...तुम चाहते तो गीताली अपना सारा रंग लुटा सकती थी। ...तुमने उन क्षणों का दुरुपयोग नहीं किया। ...तीन वर्ष! तीन शून्य... गुमसुम रहे तुम, सब दिन। कलाकार! ...गीताली सुरजीवी है। दस वर्ष पूर्व ही वह किसी के सुर में बँध चुकी थी। ...फिर भी, तुम कुछ बोलते...। आज भी तुम्हारा खत कुछ नहीं बोलता। ...अकराम शंख-ध्वनि कर रहा है... प्यारे मनहर!... अकराम! प्यारे अकराम! तुम कितने बड़े गुणी हो! तुमने कैसे जान लिया सबकुछ!... गंध? महाराज, ये तुम्हारी ही कृपा के फल हैं। 'अर्चना के बोल' सुनते समय मुझे जो धूप की गंध लगी थी! तुम्हीं ने यह गंध-परिवेशन किया है प्रथम बार! तुम्हारी ही चीज़, तुम्हीं को...! लो, मैं यंत्र हूँ! तुम्हारी हूँ! मुझे बजाओ, धन्य करो!...

गीताली ने पास पड़े तानपूरे के तारों को छूकर झंकृत कर दिया। मूल नाद से नौगुन ऊँचाई पर सहायक नाद उत्पन्न हुए।

...तुमने सुना होगा अकराम... नानाधन... घुघलू बैंड पार्टी में हॉर्न बजाता है... तुम सभी ने सुना...! गीताली अकराम के गले में गीतमाला डाल चुकी!... 'ए' माइनर का तीव्र सुर... 'एफ' मेजर का आनन्दोल्लास!...

गीताली ने परमहंस देव को नमस्कार किया। परमहंस देव के कथामृत से ध्वनि निकली—'मानुषेर मन जेन सरषेर पुटली।'... आदमी का मन मानो सरसों की पोटली!

गीताली की आँखों से आँसू झर पड़े। कंठ से एक अजानी रागिनी फूटकर निकल पड़ी।...

अलख-मुखर-जगत् में अकराम की पगध्वनि सुन रही है गीताली!...

1957

अगिनखोर

सूर्यनाथ बाहर जाने के लिए तैयार हो रहा था। पत्नी ने टोक दिया, "कहाँ जा रहे हो? अभी दस बजे आभा का बेटा आयेगा।"

सूर्यनाथ कुर्ते का बटन लगा रहा था। उसका हाथ रुक गया। याद आयी। कल रात को घर लौटने पर पत्नी ने कहा था, "जानते हो, आज आभा का बेटा अचानक बाजार में मिला...अरे? आभा की याद नहीं!...तुम्हारी दुलारी आभारानी राय। और, उसका बेटा माने, वही बेटा!"

सूर्यनाथ ने पूछा था, "देखने में कैसा है?...मेरा मतलब है कि चेहरा किससे मिलता-जुलता है। एम्बुलेंस ड्राइवर से या उस कपड़े की दूकान के बूढ़े मालिक से...?"

पत्नी बोली थी, "मैंने उतना खयाल करके नहीं देखा। कल सुबह दस बजे वह आयेगा। देखकर मिला लेना, किससे मिलता है किससे नहीं।"

"लेकिन तुम तो बाहर निकल रही हो।" कुर्ता उतारते हुए सूर्यनाथ बोला।

"वह तुमसे मिलने आ रहा है। कह रहा था, उनको एक 'इनफार्मेशन' देना है।" वह मुस्कराती बोली, "अरे! उस लड़के ने तो मुझे कल अजीब हैरत में डाल दिया, कुछ देर के लिए। अचानक, न जाने किधर से आकर बीच राह में खड़ा हो गया—'आप अन्नपूर्णा मौसी हैं न? मुझे पहचानिये तो, मैं कौन हूँ...', फिर खुद ही बोला, 'पहचानियेगा कैसे? कभी देखा तो नहीं। मैं आपकी आभारानी का बेटा हूँ'...मैं तो अवाक्!"

"आपकी दुलारी आभारानी ने नहीं कहा?" सूर्यनाथ ने व्यंग्य किया।

अन्नपूर्णा वर्किंग वीमेंस एसोसिएशन की गश्ती चिट्ठी अपने बैग में डालती हुई बोली, "मेरी या तुम्हारी दुलारी?"

"तुम्हारी।"

"बेकार की बातें मत करो।" अन्नपूर्णा अर्थपूर्ण हँसी हँसकर बाहर चली गयी। जाते-जाते कह गयी, "लड़का पहली बार आ रहा है। बिस्कुट हैं, मिठाई है—जलपान करा देना।"

पत्नी चली गयी। सूर्यनाथ के मन के पर्दे पर, सत्रह-अठारह साल पहले की कई स्मरणीय घटनाओं, मुहूर्त और क्षणों की तस्वीरें 'फ्लैशबैक' के रूप में उभरने लगीं...

...उस बार अन्नपूर्णा मेटरनिटी सेंटर की ऑनरेरी सेक्रेटरी चुनी गयी थी। सो, घर पर अक्सर लेडी-हेल्थ विजिटर, नर्स, मिडवाइफ और ट्रेनिंग के लिए आयी हुई लड़कियाँ आती रहतीं। बाद में अन्नपूर्णा ने उन्हें मना कर दिया था।

...किंतु, आभारानी राय जब सेंटर में ट्रेनिंग लेने के लिए दाखिल हुई, तो अन्नपूर्णा स्वयं उसे अपने साथ डेरे पर ले आयी थी, एक दिन, "लो, अब कितना सुनोगे बँगला कीर्तन...यह आभारानी राय है। हमारे सेंटर में ट्रेनिंग लेने आयी है। रिफ्यूजी नहीं, बेचारी 'विडो' है। कीर्तन बहुत सुंदर गाती है।"

"श्यामा संकीर्तन या...?" सूर्यनाथ ने पूछा, तो आभारानी ने धीमे स्वर में जवाब दिया था, "कृष्ण कीर्तन!"

सूर्यनाथ ने आँखें उठाकर गौर से आभा के ललाट को देखा था। भरी जवानी में विधवा होने वाली उसकी कई परिचिता लड़कियों के ललाट भी ठीक ऐसे ही...लेकिन चेहरे पर प्रचुर लावण्य देखकर उसने कहा था, "यथा योग्य नाम है आपका।"

अन्नपूर्णा से पहले सूर्यनाथ के वक्तव्य का अर्थ आभा ने ही समझा था। वह तनिक विहँसकर बोली थी, "आपनि कोवि मानुष...आप कवि ठहरे।"

"किसने कहा कि मैं कवि हूँ? श्रीमती अन्नपूर्णा ने?"

अन्नपूर्णा हँसती हुई आयी, "नहीं, मैंने कवि नहीं, साहित्यिक कहा था।"

"एकई कथा...एक ही बात है।"

'एकई कथा' कहते समय आभारानी ने अपनी दाहिनी आँख की पपनियों को जिस तरह मूँदा, उसे सिर्फ सूर्यनाथ ने ही देखा और समझा था।

आभा के जाने के बाद अन्नपूर्णा बोली, "विधवा नहीं, बेचारी परित्यक्ता है। स्वामी ने छोड़ दिया..."

सूर्यनाथ ने ठीक आभारानी की तरह दाहिनी आँख की पलकों को दबाकर कहा था, "एकई कथा।"

"कैसे एक ही बात हुई?"

"अगर स्वामी इसे छोड़ नहीं देता, तो बेचारा मर ही जाता और यह विधवा हो जाती।" सूर्यनाथ के कहने के ढंग से ऐसा लगा मानो वह आभा को भली भाँति पहचानता है। अन्नपूर्णा पूछ बैठी थी, "तुम पहले से ही जानते हो इसको? उधर ही कहीं, माने...पूर्णिया-सहरसा की ओर रहती है किसी कस्बे में..."

"कहीं की भी हो। यह किसी की पत्नी होकर रहने के लिए पैदा ही नहीं हुई।

देखा नहीं, कैसा 'सखि-सखि' भाव है स्वभाव में। यह किसी की 'सखि' होकर ही रह सकती है।" कहकर सूर्यनाथ हँसने लगा था।

पति की ऐसी कुटिल हँसी देखकर अन्नपूर्णा को संदेह हुआ था, निश्चय ही किसी 'असभ्य' बात की ओर संकेत किया है, "क्या मतलब?"

"श्रीमती जी, मतलब समझने के लिए आपको संपूर्ण 'वैष्णव साहित्य' सुनाना पड़ेगा।"

"सखि होकर ही रह सकती है—इसका क्या मतलब?"

सूर्यनाथ समझ गया था, अन्नपूर्णा को शंका हो रही है कि बात, उसकी होस्टल के दिनों की सखि ओलिव डाइसन को 'छुआ' कर, कही गयी है। और, ऐसी बात की भनक पाकर ही वह इस तरह नाराज हो जाती है कि सूर्यनाथ घंटों आरजू-मिन्नत करके, किस्म-किस्म की कसमें खाकर भी उसको 'मना' नहीं पाता है। इसलिए उसने सहज ढंग से कहा था, "सखि का अर्थ मित्र होता है न? मेरा मतलब है कि इस किस्म की लड़की पुरुष के साथ मित्र की हैसियत से ही रह सकती है।"

अन्नपूर्णा उस रात को तुरत ही सहज हो गयी थी। लेकिन, उसने दूसरा सवाल किया था, "तुमने यह क्यों कहा कि अगर स्वामी इसको नहीं छोड़ देता, तो बेचारा मर जाता..."

"कपाल देखकर मैंने कहा।"

"बड़े आये हैं सामुद्रिक बघारने वाले।"

"त्रिभुजाकार, ऊँचा कपाल और चमकती हुई माँग...और ऐसी देह, की बनावट जिसकी हो तनिक अधिक 'एनर्जेटिक' होती है...मत्ता, प्रमत्ता, अतिमत्ता, महामत्ता!"

"ए! आभा ने जो 'कवि मानुष' कहा था, उसका तात्पर्य तुमने समझा था?"

"कवि मानुष माने रसिक पुरुष।"

"जी नहीं, उसका तात्पर्य इसके अलावा भी—इससे आगे भी कुछ था...साहित्यिक लोग जरा चरित्रहीन होते हैं, वह दुनिया-जहान जानती है।"

"जरा नहीं, पूरे।" सूर्यनाथ ने एप्रूवर यानी मुखबिर की मुद्रा बनाकर कबूल किया था।

उस रात को बहुत देर तक दोनों एक-दूसरे को गुदगुदाकर हँसाते-चिढ़ाते जगे रहे थे...

...और 'हरिसभा' की वह शाम!

पहली बार 'हरिसभा' में आभारानी का कीर्तन सुनकर सूर्यनाथ और अन्नपूर्णा सचमुच मंत्रमुग्ध हो गये थे किंतु, जब आभा ने उनके घर पर आकर कीर्तन सुनाने

की इच्छा प्रकट की, अन्नपूर्णा राजी नहीं हुई, "कीर्तन और भजन हरिसभा और ठाकुरवाड़ी में ही सुनना अच्छा लगता है।"

अन्नपूर्णा की चतुराई को चतुरा आभा ताड़ गयी थी और मन ही मन दाँत पर दाँत रखकर पीसती रही थी।

एक दिन आभा बाजार की झोली हाथ में लटकाकर आयी, "दीदी...मैं अपनी दीदी और जमाय बाबू को एक विशेष 'मेनू' बनाकर खिलाने आयी हूँ। विथ ड्यू रेसपेक्ट आई बेग..."

उस दिन आभा ने बहुत जतन से 'मलाई करी' बनाकर सूर्यनाथ और अन्नपूर्णा को चखाई थी। सूर्यनाथ ने चखकर चटखारे लेते हुए कुछ कहने की मुद्रा बनाई। अन्नपूर्णा ने प्यार-भरी झिड़की दी थी, "मैं जानती हूँ, आप क्या कहना चाहते हैं। कहेंगे—'चोमोत्कार', यही न?"

"नहीं, एकदम नहीं। मैं कहना चाहता था, 'भीषोण सुंदोर', लेकिन अब आपने टोक दिया, तो कहूँगा, अपूर्बो..."

कच्चे नारियल की गरी को पीसकर दूध निकाला गया और उसमें रोहित मत्स्य के कंटकशून्य खंड...सूर्यनाथ ने बंगाली वैष्णव संप्रदाय की भाषा में कहा था, "अहा! ए तो क्षीरसागरे स्वयं भगवान मत्स्यावतार..."

"जमाय बाबू! आप रसिक ही नहीं, सुरसिक हैं।"

"सुरसिक नहीं, चटोर और पेटू। एक बार दिल्ली में इसी तरह आकंठ ठूँसकर..."

सूर्यनाथ ने डकार लेते हुए कहा था, "अवस्थी जी के घर? हाँ, ऐसा ही भूरि-भोजन—और, वहाँ भी कई व्यंजन और पकवान अवस्थी जी की साली ने बनाए थे। ठीक इसी तरह परोसकर खिलाया था। उसी बार अवस्थी जी ने बताया था, साली को संस्कृत में 'केलिकुंजिका' भी कहा जाता है।"

अन्नपूर्णा हँसकर बोली थी, "सावधान, आभा!"

हँसी के हिलोर पर सुपरइंपोज होती है, वर्षा की एक शाम।

...भीगती हुई आभा अकेली आयी थी, "दीदी! दीदी नहीं हैं घर में?"

सूर्यनाथ ने अचरज से पूछा था, "अरे! आप नहीं गयीं?...आपको साथ नहीं ले गयी अन्नपूर्णा? आज वर्किंग वीमेंस के लिए 'चैरिटी-शो' है न।"

"मेरी आज 'आफ्टरनून-ड्यूटी' थी। मैं एकदम भीग गयी हूँ जमाय बाबू..."

बाथरूम से अन्नपूर्णा की साड़ी और अंगिया पहनकर आभा बाहर निकली। सूर्यनाथ हाथ में चाय की प्याली लेकर खड़ा था, "चाय नहीं। गुलबनसफा का काढ़ा, अदरक और नीबू के रस के साथ...बहुत जोरों का फ्लू फैला हुआ है, चारों ओर। गटगटाकर पी जाइए और निश्चिंत रहिए..."

आभा ने चखकर देखा था, सचमुच काढ़ा ही है। सूर्यनाथ पूछ बैठा था, "आपको किस चीज का संदेह हुआ? बतलाइए न..."

"सुनिये, आप मुझे यह आप-आप क्यों कहते हैं?'' आभा तुनककर बोली थी।

"आपको संदेह हुआ कि चाय में कोई नशा मिला दिया है, मैंने?"

"आप लोगों का क्या विश्वास! आप लोग सब कुछ कर सकते हैं।" वह हलाल करने वाली हँसी हँसकर सूर्यनाथ को देखती रही।

"लेकिन, आपमें साहस तो कम नहीं।"

"मुझे आप कहिएगा, तो जवाब नहीं दूँगी।"

सूर्यनाथ उसके पास आकर बैठ गया था। वह बालों को पीठ पर बिखेरकर सुखा रही थी। आभा अचानक पूछ बैठी थी, "सचमुच चाय में और कुछ नहीं मिलाया था आपने?...तब मेरी देह इस तरह झनझना रही है, क्यों? सिर चकरा रहा है।"

सूर्यनाथ ने 'रॉ टी' में गुलबनसफा, नीबू और अदरक के रस के सिवा और कुछ नहीं मिलाया है। इसके बावजूद यदि आभा पर नशा सवार हो गया है, तो सूर्यनाथ उसे विश्वास दिलाने की चेष्टा क्यों करे?

"आभारानी!"

आभा ने सफल अभिनेत्री की तरह सूर्यनाथ के कंधे पर अपना सिर रख दिया था। सूर्यनाथ की देह अचानक तप उठी थी। स्वचालित यंत्र की तरह उसकी भुजाओं ने आभा को जकड़ लिया। बाहर आकाश में बिजली कौंधी थी। मेघ गर्जन हुआ था और सूर्यनाथ का तप्त शरीर तत्काल ठंडा हो गया था। वह छिटककर आभा से अलग हो गया था। आभा अस्फुट स्वर में बोली थी, "कोई नहीं...हवा से खिड़की का पल्ला खुल गया है। सूर्योदा...जमाय बाबू...आप कहाँ चले गये...?"

इस घटना के बाद आभा ने सूर्यनाथ से बोलना बंद कर दिया। और कई दिनों के बाद अन्नपूर्णा ने उसको अपने घर पर आने को मना कर दिया था। पड़ोस की बुढ़िया महरी ने फिसफिसाकर अन्नपूर्णा से कहा था, "ऊ छौंड़िया 'छिनार' है बहूजी। घर में उसकी 'आवाजाही' बंद कर दो..."

अपमानिता आभा ने अपना तबादला मंगलतालाब सेंटर में करवा लिया। इसके बाद वह जब कभी अन्नपूर्णा के सेंटर में किसी काम से आती तो अन्नपूर्णा को नमस्कार तक नहीं करती थी।

दस-ग्यारह महीने के बाद एक शाम को आभा अचानक आयी। अन्नपूर्णा को पैर छूकर प्रणाम किया। अन्नपूर्णा ने प्रसन्न होकर कहा था, "पास कर गयी न?"

आभा ने सिर झुकाकर ही जवाब दिया था, "जी दीदीजी!"

उसी रात को अन्नपूर्णा ने सूर्यनाथ को बताया था, "तुमने ठीक ही कहा था। अरे, इस लड़की का साहस तो देखो। छह महीने का पेट लेकर बिना लाज-भय के घूम रही है। छिः छिः अब गिराना चाहती है। रो रही थी किसी तरह 'उद्धार' करवा दीजिए...डाँटकर भगाती नहीं, तो अभी घंटों घुनघुनाकर रोती रहती।"

सूर्यनाथ ने कहा था, "मैंने एंबुलेंस के ड्राइवर के साथ कई बार सिनेमा हाल में देखा है..."

अन्नपूर्णा बोली, "वह कहती है कि कपड़े की दुकान के बूढ़े मालिक ने फुसलाकर उसका सर्वनाश कर दिया है..."

सूर्यनाथ कुछ कहना चाहता था। किंतु अन्नपूर्णा कहती गयी, "यह तो भला हुआ कि उसने यहाँ से अपना तबादला करवा लिया, नहीं तो और न जाने किस-किसका नाम बदनाम करती।"

सूर्यनाथ चाहकर भी कुछ नहीं बोल सका था। अन्नपूर्णा एक उदास सी हँसी हँसकर बोली थी, "वह जो गाती थी न—'मरिबो मरिबो सखि निश्चय मरिबो...'अब सचमुच मरेगी निगोड़ी।"

किंतु आभारानी राय मरी नहीं थी। होली फेमिली हॉस्पिटल में पुत्र-रत्न को जन्म देकर, न जाने कहाँ चली गयी। 'मदर' के नाम एक पुर्जा लिख गयी थी...

...और, आभारानी का वही बेटा आज सूर्यनाथ को एक आवश्यक समाचार देने के लिए आ रहा है।

सूर्यनाथ के मन के पर्दे पर लावण्यमयी आभारानी का मुखड़ा उभरकर स्थिर हो जाता है। और पृष्ठभूमि कीर्तन के आलाप से मुखरित—'आमार...सकलि... गरल...भेल...'

'गें-ए-क्-गेंक्-गेंक्-गेंक्...गें-ए-क्...!'

'बजर' अस्वाभाविक सुर में बज उठा। लगता है, कोई खिलवाड़ कर रहा है। सूर्यनाथ ने विरक्त मुद्रा के साथ दरवाजा खोला। बजर के बटन पूर्ववत् दबा-दबाकर बजाता, वह हँस रहा था, "हाउ फेंटास्टिक!...मैं आभारानी का बेटा..."

"अंदर आ जाइए।"

गेहुआँ रंग, दुबली-पतली काया, मझोला कद और बिखरे हुए भूरे बाल और मुखश्री ठीक आभारानी की,...ठीक आभारानी पर पड़ा है उसका बेटा।

अंदर आकर उसने कहा—"मैं पाँव या घुटना अथवा कोई अन्य अंग छूकर किसी को नमस्कार नहीं करता। दरअसल, मैं किसी को अभिवादन करता ही नहीं। आप बुरा मानें या भला—ठेंगे से। आइक्...स्ला!"

सूर्यनाथ के पीछे-पीछे वह बैठक में आ गया। कमरे में पहुँचते ही उसने ठहाका लगाया, "साहब आप तो ऐसी तैयारी करके—सज-धजकर बैठे हैं मानो कोई आपका 'सचित्र-इंटरव्यू' लेने को आ रहा हो—आइक्स्ला—इधर तो लगातार आपकी कई भेंट-वार्ताएँ प्रकाशित हुई हैं। जी अघाया नहीं, शायद? लेकिन मैं आपसे कोई—आइक्-स्ला—साहित्यिक अथवा अखबारी मुलाकात के लिए नहीं आया। और, आपका और आपकी पीढ़ी का कूड़ा-कचरा...आइक्...स्ला—साहित्य मैं नहीं पढ़ता। लेकिन बिना पढ़े ही कह सकता हूँ कि आपकी पूरी पीढ़ी मुर्दा हो चुकी है...कमर्शियल चीजें मैं नहीं पढ़ता। इट्स नॉसिएटिंग-आइक्-स्ला-सो निराश मत होइएगा। मैं आपको एक सूचना मात्र देने आया हूँ।"

सूर्यनाथ अप्रतिभ होकर भी मुस्कराने की चेष्टा करता रहा। उसने पूछा—"आप बीच-बीच में वह कौन-सा शब्द...यह 'आइक्-स्ला' क्या है...?"

"यह मेरे व्यक्तिगत शब्द-भंडार का शब्द है, जिसका अर्थ कुछ भी हो सकता है।" उसने सोफे पर बैठते हुए लापरवाही से कहा।

उसने कमरे की दीवारों पर नजर डाली और एक कुटिल हँसी हँसकर बोल पड़ा, "हाउ डिसगस्टिंग—आइक्-स्ला—आपने तो अपनी छाया-छवियों, अभिनंदन पत्र, उपाधि और 'सर्टिफिकेट आफ मेरिट' की एक अच्छी-सी प्रदर्शनी लगा रखी है...कमरे में दाखिल होते ही आगंतुक को आपका व्यक्तित्व तेंदुए की तरह उछलकर दबोच डालता होगा। है न? उद्देश्य ही यही होगा। लेकिन एक बात पूछूँ? आपको स्वयं यह सब 'वलगर' नहीं लगता?"

सूर्यनाथ ने संक्षिप्त उत्तर दिया, "एकदम नहीं।"

"आइक्-स्ला—क्यों लगेगा? पेशे का सवाल है न। कमर्शियल लेखकों की मजबूरी...लेकिन, मैं आपके साहित्य के बारे में कुछ नहीं बोलूँगा। और अगर बोलने लगूँ, तो मुझे मना कर दीजिएगा?"

सूर्यनाथ के क्रमशः अप्रतिभ होते हुए चेहरे को देखकर उसका उत्साह बढ़ता जा रहा है। कहता है, "मौसी बाहर गयी है न? मैं जानता हूँ, वह आपको अकेला छोड़कर

अक्सर बाहर निकल जाती हैं। मुझे सब पता है...आपका यह फ्लैट, इट्स एन आइडियल प्लेस फॉर आत्मरति...आइक्...स्ला!"

सूर्यनाथ ने खँखारकर गला साफ करते हुए कहा, "तो, आप आभारानी राय के पुत्र हैं?"

उसने लापरवाही से कहा, "हूँ। फिलहाल, धनबाद में रहता हूँ। मेरे कई नाम हैं। कोई नाम छद्म नहीं, सभी असली नाम। अभी मैं आपसे अपने सूतपुत्र नाम के अनुसार बातें कर रहा हूँ।"

सूर्यनाथ हँसने की चेष्टा करके भी नहीं हँस सका। सूतपुत्र ने अपना वक्तव्य जारी रखा, "मेरा कवि नाम है—आइक्-स्ला—शिवलिंगा।"

सूतपुत्र शिवलिंगा ने सूर्यनाथ से पूछा, "क्यों चौंक गये न?"

"चौंकूँगा क्यों? मेरे पड़ोस में ही निजलिंगा साहब रहते हैं।" सूर्यनाथ ने सप्रतिभ स्वर में कहा, "अब आप अपने आगमन का उद्देश्य बतलाएँ—आइक्-स्ला, यानी कृपया!"

सूतपुत्र ने कनखी निगाह से सूर्यनाथ को देखा। आभारानी ठीक इसी तरह पलकों को तनिक मूँदकर देखती थी। उसने कहा, "उद्देश्य अति शुभ है। आपको एक समाचार सुनाने आया हूँ। बस..."

"आपकी माताश्री..."

सूर्यनाथ के मुँह से बात छीनते हुए सूतपुत्र ने कहा, "आपकी केलिकुंजिका आभारानी का कोई समाचार मुझे नहीं मालूम। मेरे पास मेरी जन्मदायिनी की एक मोटी डायरी है—1955-56 की...होली फेमिली हॉस्पिटल की 'मदर' ने सहेजकर रख दी थी...समझे?"

"समझा आइक्-स्ला। अब समाचार सुनाइए।" सूर्यनाथ के स्वर में दृढ़ता लौट आयी थी।

"समाचार सुनाने के पहले मैं यह देख लेना चाहता हूँ कि आपका मानसिक धरातल उस समाचार को ग्रहण करने योग्य है अथवा नहीं। देखिए, मैंने आपका लिटरेचर नहीं पढ़ा। इसलिए नहीं जानता कि आप किस कोटि के प्राणी हैं। किंतु, यह मुझे मालूम है, आपकी पूरी पीढ़ी इल्लिटरेट और हाफलिटरेट है...सबसे पहले आपका कौतूहल मिटा दूँ। है न? तो, होली फेमिली हॉस्पिटल से यतीमखाना, वहाँ से टाँटी झरिया, कलकत्ता, जबलपुर, इलाहाबाद आदि जगहों में मेरा बचपन बीता और जवानी आयी। पढ़ाई-लिखाई जो हुई, बुरी नहीं हुई। कवि, कथाकार, नाटककार और चित्रकार हूँ। लेकिन, वे आपकी बुद्धि के बाहर की बातें हैं। आइक्-स्ला—मैं अभी

धनबाद में हूँ और मजे में हूँ और सानंद अपना इस्तेमाल होने दे रहा हूँ...आपका बाथरूम किधर है?"

सूतपुत्र लेबोरेटरी में बंद हुआ। सूर्यनाथ को सहज और सबल होने का अवसर मिला। उसने लक्ष्य किया सूतपुत्र अब 'आइक्-स्ला' का व्यवहार क्रमशः कम करता जा रहा है।

सूर्यनाथ ने समझ लिया—यह लड़का एक 'वस्तु' है, यानी चालू भाषा में जिसको 'माल' कहते हैं, इसके बाल, पोशाक, स्वास्थ्य सब कुछ 'बीट' और हिप्पियों से विपरीत हैं। लेकिन तेवर वही हैं। सूर्यनाथ को हँसी आयी—आते ही तड़ातड़ चाबुक लगाए जा रहा है पट्ठा। होना ही चाहिए—नेच्युरली...

स्नानागार से बाहर निकलकर उसने कहा, "बाथरूम में जिन मासिक पत्रिकाओं का पारायण करते हैं, उनके संपादकों को लिख दीजिए—कुछ 'रोचक साहित्य' भी प्रकाशित करें।...और एक बात! आपने देश-विदेश के इतने बिग बगर्स—आइक्-स्ला—सोकाल्ड वी.आई.पी. न'ज़ के साथ इतनी सारी तस्वीरें छपवाकर लटका रखी हैं चारों ओर। लेकिन...व्हाय नॉट ए न्यूड? मैं कहूँ, आप अपनी एक नंगी—एकदम मादरजाद—खिंचवाकर टाँग दें और उसके नीचे लिख दें—'विद माइसेल्फ!' ...क्यों ठीक रहेगा न?"

सूर्यनाथ समझ गया था—स्नानागार से बाहर निकलकर, बैठकखाने में पहुँचकर इस तरह असभ्यतापूर्वक पैंट के बटन लगाते हुए—यह ऐसी ही बातें करेगा। अतः वह मंद-मंद मुस्कराता रहा।

तब उसने सूर्यनाथ को अप्रतिभ करने के लिए अपना सवाल छेड़ा—"...अच्छा अब यह बताइए कि आपका संबंध अपनी स्वीटी सौफ्टी साली आभारानी से कैसा और कहाँ तक...आइक्-स्ला..."

"आप जो समाचार देने आये हैं पहले वह दे दीजिए। आप मेरा 'इंटरव्यू' तो नहीं लेने आये। फिर कोई सवाल-जवाब कैसा?" सूर्यनाथ अब पालथी मारकर कुर्सी पर बैठ गया।

"आइक्-स्ला—मैंने पहले कह दिया है कि मैं पहले यह जान लेना चाहता हूँ..."

"आइक्-स्ला—मैं पहले—आइक्-स्ला—आपका—आइक्-स्ला—समाचार सुन लेना चाहता हूँ—आइक्-स्ला! बस!" सूर्यनाथ ने गंभीरतापूर्वक कहा।

सूतपुत्र हँसा। सूर्यनाथ ने लक्ष्य किया, हँसी में तनिक कपड़े की दूकान की छाया झलकती है।

"अच्छा? आपके बाल तो कुदरती काले हैं? मैंने समझा था कि आप 'डाय' करते हैं। क्योंकि मेरी माँ की डायरी में आपके बालों की खूब तारीफ लिखी हुई है। अब

तक इतने काले हैं? और आपकी दंतपंक्तियाँ नकली सेट्स की नहीं? अब तो अभी एक दशक और प्रेम कहानियों का व्यापार चला सकते हैं आप। पचास की उम्र में ऐसे घने काले बाल और हड्डियों के ज्वायंट्स को कड़कड़ाकर तोड़ने वाली दंतपंक्तियाँ ...आइस्...मतलब इसका योगा से कोई ताल्लुक है क्या? आप कोई हर्ब इस्तेमाल करते हैं।"

सूर्यनाथ के जी में आया कि इस छोकरे को वह नुस्खा दे दे—चपरकनाती। नीला थोथा दही में घोलकर...किंतु उसने जवाब दिया, "यह ट्रेड-सीक्रेट है मेरा।"

ठठाकर हँस पड़ा सूतपुत्र। सूर्यनाथ ने पहचान लिया है, यह अपने को 'फायरईटर'—अगिनखोर समझता है। 'सेल्फ पोज्ड लोनली रिबेल' का एक नकली नमूना। उसे एक और लेखक याद आया जो कहा करता था—'आई एम बॉर्न बिफोर माइ टाइम...'

"आप करते क्या हैं? यानी रोटी कौन देता है?" सूर्यनाथ ने साधिकार पूछा।

"जो मेरा इस्तेमाल करता है।"

"ट्रेड यूनियन के सदस्य हैं आप?"

"मैं आवाँगार्द हूँ। आपने अतर्कवाद का नाम सुना है?"

"अतर्कवाद या कुतर्कवाद?"

"आपको समझाने के लिए कुतर्क आवश्यक है। मैं पूछता हूँ कि आप विलियम ब्लेक, ज्याँ कोक्तो, ज्याँ जेने को जानते हैं? 'मेटामॉरफसिस' का लेखक कौन है और हेनरी मिलर...?"

"मुझे यह सब जानने की जरूरत कभी नहीं हुई। मैं सिर्फ यह जानना चाहता हूँ कि तू करता क्या है?"

"देखिए, यह 'तू-आ-तू' मेरे साथ नहीं चलेगा। आइक्-स्ला..."

"आइक्-स्ला।"

"मतलब?"

"आपने कहा था न, इसका कोई भी मतलब हो सकता है। कृपया बताइए कि आप..."

"मैंने कवि कर्म छोड़कर फिलहाल, अपनी रोटी के लिए 'कॉमेडियन' का काम शुरू किया है। धनबाद, झरिया, जमशेदपुर और कलकत्ते के कई गुप्त क्लब और डिसकोथेक्स में अपना 'शो' दे चुका हूँ..."

"सीधे कह न कि भँड़ैती करता हूँ।" सूर्यनाथ ने ठेठ बिहारी बाबू के लहजे में कहा।

"नहीं, भँड़ैती नहीं। यह एकदम नयी 'विधा' है, जिसका नाम आपके ग्रेट

ग्रैंडफादर ने भी नहीं सुना होगा। मैं गालियाँ देता हूँ। फूहड़, भद्दी और अश्लील अश्रव्य गालियाँ।"

"वह जो 'साईं' सजकर साँझ-सवेरे मुरादपुर की गलियों में घूमता फिरता है—एक पैसा लूँगा, पाँच गालियाँ दूँगा। चुन-चुन के गालियाँ दूँगा, बाप-दादे को गालियाँ दूँगा..."

सूतपुत्र ने कहा, "इस कॉमेडियन वाले कारबार में मेरा ट्रेड नेम है—डोगलास। अर्थात् अब मैं डोगलास की भाषा में आपसे बातें करूँगा। फिलहाल, गालियाँ और अपशब्द भोजपुरी से अंग्रेजी में अनुवाद करके व्यवहार करता हूँ। लेकिन, ऐसे घरेलू माहौल में शुद्ध मगही या मैथिली में भी..."

सूर्यनाथ ने एकबार सोचा, अब इसको बाइज्जत फ्लैट से बाहर कर दिया जाए; किंतु कुछ सोचकर थोड़ी देर और उसे सहन करने का निश्चय किया...कुछ भी हो, उस 'शोध-छात्र' से तो अच्छा है जो कई दिन पहले अपने मौलिक विषय 'हिंदी साहित्य में रामघराना'—के माल-मसाले के लिए आया था। छात्रराम ने अनुसंधान नहीं, अनुनय किया था, "सर! ऐसे साहित्यिक, जिनके नाम के शुरू, मध्य या अन्त में 'राम' जुड़ा हो, उनके व्यक्तित्व और कृतित्व पर 'राम' का प्रभाव प्रमाणित करते हुए... जी, बचपन में आपको किसी ने, कभी-न-कभी, राम सूरजनाथ जरूर कहा होगा। इस आधार पर यदि आपको भी 'रामघराना' में युक्त कर लूँ तो आपको कोई आपत्ति?"

सूर्यनाथ ने शांत चित्त से कहा, "आप अभूतपूर्व काम कर रहे हैं। गालियाँ देकर लोगों को हँसाते हैं। लोग प्रसन्न होकर आपको पैसे देते हैं।"

"ऐसी-वैसी हँसी नहीं। एकदम रेक्टम रप्चरिंग यानी फेफड़ाफाड़ लाफ! समझे?" डोगलास ने कहा।

"हमारे जिले में एक राजा साहब अपने दरबार में एक 'बुड़िराज' अर्थात् 'मूरखराज' रखते थे..."

"आइक्-स्ला—योर राजा साहब! आप सामंती युग की बातें करने लगे, फिर? मैं अकस्मात् आघात करके वस्तुस्थिति से अवगत कराने में विश्वास करता हूँ।" डोगलास बोला।

"डोगलास्साहब! मैं नहीं जानता कि आप क्या 'शो' देते हैं, लेकिन, आज से तीस साल पहले उस 'बुड़िराज' के जो तमाशे मैंने देखे हैं, मेरा खयाल है कि उसमें से एक का ही वर्णन सुनकर समझेंगे। आप इसको अपने काम में भी इस्तेमाल कर सकते हैं।"

डोगलास राजी हुआ। सूर्यनाथ ने शुरू किया, "राजा के मेले में बड़े-बड़े नामी

पहलवानों की कुश्ती होती थी। एकबार, एक चैंपियन पहलवान सभी को पछाड़कर, गर्व से छाती फुलाकर दुलकी चाल में अखाड़े में चक्कर लगा रहा था...यानी—'है कोई माई का लाल तो आजा मैदान में!' बुड़िराज ताव खा गया और कूदकर अखाड़े में उतर पड़ा। अपने सारे कपड़े फेंककर 'आ-जा-आ-जा' कहकर उस चैंपियन पर टूटा, ताल ठोंकता हुआ। जनता एक साथ ठठाकर हँस पड़ी। चैंपियन पहलवान कुछ क्षण तक भौचक होकर देखता रहा। फिर, अचानक भागा, एक विशालकाय आदमी को, एक नंगधड़ंग पिद्दी जैसे आदमी के डर से उस तरह भागते देखकर सारी जनता हँसते-हँसते बेदम हो गयी।"

डोगलास को यह कहानी अच्छी लगी, "मैं इस पर 'वर्क' करके इसको रिफाइन करके इस्तेमाल करूँगा...मैंने हाल में अपना एक 'स्क्रिप्ट' प्रस्तुत किया है। एक व्यक्ति लघुशंका के लिए दो पहर रात को होटल के कमरे में, किस तरह 'वाश-बेसिन' में..."

सूर्यनाथ ऐसा अवसर हाथ से जाने नहीं देगा। बस, यही है—ब्रेकिंगप्वाइंट! मुस्कराकर उसने डोगलास्साहब को काटा, "अरे? वह पादरी वाला प्रहसन...यह तो, अमेरिकन कॉमेडियन लेनी ब्रूस की कृति है। आज से दस-ग्यारह साल पहले ही उसने इसका अभिनय करके प्रचुर ख्याति प्राप्त कर ली है। आप कहते हैं कि..."

लेनी ब्रूस का नाम सुनते ही डोगलास का चेहरा अचानक बुझ गया, "आप लेनी ब्रूस को जानते हैं। आइक्-स्ला—आप लेनी ब्रूस के बारे में कैसे जान गये?"

"जानता ही नहीं 1964 में उसकी रिहाई के लिए 'अपील' पर मैंने भी हस्ताक्षर किए थे। आज तक मेरे कई पॉलिटिकल मित्र उन्हीं हस्ताक्षरों के कारण मुझे गालियाँ दे रहे हैं और बदनाम कर रहे हैं कि मैं—आइक्स्ला—लेकिन अब तो लेनी स्वर्ग में देवताओं और देवियों को गालियाँ देकर प्रसन्न कर रहा है। अतः अब आप अपने को इस 'विधा' का भारतीय आवाँगार्द घोषित कर सकते हैं।" सूर्यनाथ ने घड़ी देखी।

डोगलास साहब, सूतपुत्र के सिर से उतर गये। सूतपुत्र तुतलाने लगा, "अब मैं काम की बात करूँ...मेरे पास मेरी माँ की डायरी है। डायरी के मुताबिक आप ही मेरे जनक हैं और मैं आपकी ही प्रजा..."

"असंभव।"

"असंभव नहीं। यह आपका ही क्रोमोजोम है जो...आप घबराइए मत। मैं आपकी संपत्ति पर दावा नहीं करूँगा।"

"डायरी आपके पास है, यहाँ?"

सूतपुत्र अपने बैग से डायरी निकालकर पृष्ठ पलटने लगा। बोला, "बंगला तो आप अच्छी तरह लिख-पढ़ लेते हैं। पढ़कर देख लीजिए।"

सूर्यनाथ ने देखा, लिखावट आभारानी की ही है। लिखा है, "आज के सूर्योदा आमार संगे जा कॅरलेन, आमार जीवने आर केउ करे नि..." (आज सूर्यदा ने मेरे साथ जो कुछ किया, जीवन में और किसी ने नहीं किया।)

सूतपुत्र का चेहरा पुनः दमकने लगा। सूर्यनाथ ने पूछा, "जिस 'मदर' ने आपको यह डायरी सौंपी, उसने आपका 'डेट ऑफ बर्थ' भी जरूर दिया होगा।"

"ऑफ कोर्स...दैट्स देयर। डायरी में ही लिखा है।"

"आपने इस रोजनामचे की तारीख से अपनी जन्म तिथि मिलाकर देखी है?"

"आप ऐसे ज्वलंतप्रमाण को झुठला नहीं सकते, पिताजी महाराज!"

सूर्यनाथ ने उसके सुर में सुर मिलाकर कहा, "सूतपुत्तर सरकार! आप मानें या न मानें ठेंगे से। मैं जानता हूँ कि यह सच नहीं। असल में...बावजूद आकर्षण के, आभारानी के साथ मेरा संबंध हुआ ही नहीं। कामातुरा सुंदरी के साथ एकांत के उस क्षण में मैं मदनोन्मत्त अवश्य हुआ था। किंतु...किंतु...उस लावण्यमयी लास्यमयी रमणी के मुँह में ऐसी उत्कट दुर्गंध थी कि मैं अचानक विरक्त हो गया..."

"दुर्गंध?"

"जी। बदबू! उतना सुंदर सलोना मुखड़ा। वैसी सुरीली आवाज़ और मधुर कीर्तन—और वैसे मुँह में सड़ी हुई गंध? ओह! आज भी याद करके वोमिट हो जाता है।"

सूतपुत्र के मुँह से एक हल्की-सी चीख निकल पड़ी। वह थर-थर काँपने लगा। उसकी आँखें डबडबा आयीं। वह कुछ नहीं बोल सका...

सूर्यनाथ ने अब समझा, इस छोकरे को इतनी देर तक सहन करने का एक कारण यह भी है कि कभी-कभी इसके चेहरे पर आभा के मुखड़े की मासूमियत झलक जाती है। उसने शांत स्वर में कहा, "किंतु आप असंस्कृति और अपरंपरा के इतने कट्टर हिमायती होकर अपने पिता को क्यों खोज रहे हैं?"

"आइक्-स्ला—खोज नहीं रहा। पिछले आठ-नौ साल से मेरी यह धारणा दृढ़ हो गयी थी कि मेरा बाप एक प्रसिद्ध साहित्यकार है। मेरी रगों में दौड़ने वाले लहू का संबंध एक महान् कलाकार से है...अपने पिता को अपना दुश्मन मानकर मुझे अपार बल मिलता था। इसी के सहारे मेरा सबकुछ...मेरी प्रेरणाओं का मूल स्रोत ही अचानक सूख गया..."

वह फूट-फूटकर खोए हुए बालक की तरह रो पड़ा। सूर्यनाथ सोचने लगा—कवच-कुंडलहीन 'कर्ण' भी क्या इसी तरह रोया था?...उसके जी में आया आभारानी के रोते हुए बेटे के बालों पर हाथ फेरकर चुप कराए। किंतु सहानुभूति, दया, करुणा और किसी प्रकार की कृपा की गंध लगते ही यह लड़का तुरंत गुस्से में गालियाँ बकने लगेगा। वायलेंट भी हो सकता है। उसने कहा, "अब आप जाइए अगिनखोर जी! मुझे अब एकदम एकांत की जरूरत है।"

सूतपुत्र तुरंत उठकर खड़ा हो गया, "हाँ, हाँ। आइ एम ए फायरईटर...अगिनखोर! ठीक है, यह एक नाम भी रहा। आइक्-स्ला..."

जलवा

फातिमादि को कभी देखूँगा और इस तरह देखूँगा, इसकी मैंने कल्पना भी नहीं की थी। इसलिए, कुछ देर तक 'पटना-मार्केट' को स्वप्नलोक समझकर खोया-खोया-सा खड़ा रहा—जूते की दूकान पर!...बुरके में सिर से पैर तक ढँकी दो महिलाएँ और साथ में नौ-दस साल की गुड़िया-जैसी खूबसूरत लड़की। लड़की ने दुबारा पूछा—"मौसी पूछ रही हैं कि पटना कब आये आप?"

दुकानदार ने रेजगारी गिनते हुए कहा, "वह आप ही से पूछ रही है।"

लड़की हँस पड़ी। बुरके के अंदर भी हँसी खनकी।...परिचित हँसी! लड़की हँसी अपनी मौसी की किसी बात पर। बोली, "मेरी मौसी आपकी फातिमादि हैं।"

अब कत्थई रंग के बुरके के अंदर से फातिमादि की चिर-परिचित बोली स्पष्ट सुनायी पड़ी—"सुना, दिल्ली या बंबई में रहते हो?"

"मैं पिछले दस साल से पटना में हूँ।"

"अजब बात! पटना में हो और कभी देखा नहीं?"

"और आप...?" इतनी देर के बाद मेरा होश लौटा, मानो।

मेरी बात को बीच में ही काटकर बुरका-पोश फातिमादि बोलीं, "मेरी छोड़ो। अपनी बताओ। शादी-वादी की?"

मुझे सकपकाया देखकर वह बोलीं, "बाकरगंज-गली में 'दानिशमंजिल' देखा है न? वहीं रहती हूँ। बहू को लेकर किसी दिन आओगे? कल ही आओ न, सुबह आठ बजे।"

लड़की बोली, "कल सुबह आठ बजे तो हमीदा खाला के घर जाना है।"

"ओ-ओ!...परसों आओ!"

मेरे मुँह से अनायास ही निकल पड़ा—"प्रणाम!"

"खुश रहो।"

फातिमादि को कभी 'आदाब अर्ज़' नहीं कहा हमने। वह हमारे 'प्रणाम' को कबूल कर हमेशा 'खुश रहो' कहकर आशीर्वाद देतीं। किंतु फातिमादि को इस तरह सिर से पैर तक ढँका हुआ कभी नहीं देखा। उन दिनों भी नहीं, जब वह परिचितों की निगाहों से बचकर रहती थीं।

रात-भर नींद नहीं आयी। आँखे मूँदते ही कत्थई रंग के बुरके में ढँकी हुई छाया आकर खड़ी हो जाती।...एक जोड़ी जालीदार आँखें! लाख कोशिश करके भी बुरके को हटाकर फातिमादि का चेहरा नहीं देख सकता। और झुँझलाकर आँखें खोल लेता।

अपने घरवाले की लंबी साँसों और छटपटाहटों को देख-सुनकर कोई भी गृहिणी सशंक हो सकती है। मगर कथाकार की पत्नी जानती है कि कहानी गढ़ते समय उसका घरवाला इसी तरह बेवजह, बेकार, बेकरार होकर लंबी साँसें लेता करवटें बदलता है। अतः वह सुख से सोयी रहती है।

उस रात जगी हुई थी। पूछा, "तुमसे कभी फातिमादि के बारे में कहा है मैंने?"

"नहीं तो! कौन फातिमादि?"

"एक कहानी की फातिमादि।" बात को टालकर मैंने करवट ली।

कहानी की फातिमादि! अचरज हुआ कि फातिमादि के बारे में अब तक अपनी पत्नी को कुछ क्यों नहीं सुनाया! नहीं, अचरज की कोई बात नहीं। कट्टर सनातनी की बेटी और हिंदू-सभाइस्ट भाई की बहन को जान-बूझकर ही मैंने कभी फातिमादि की कोई बात नहीं बतायी। डर था कि सुनकर मुँह बिदकाकर कुछ कह देगी। कहेगी—ऐबसर्ड!

ऐबसर्ड नहीं! असाधारण!

आज से छत्तीस साल पहले भी लोगों ने कहा था—एबनॉर्मल।...अधपगली!

मेरा सौभाग्य कि मैंने इस असाधारण महिला को बहुत करीब से देखा है।

...याद आती है 1930 की उस सभा की। स्कूल के पिछवाड़े में भारी भीड़। ठाकुरबाड़ी के चबूतरे पर गाँधी-टोपी पहने कई लोग बैठे थे। एक दस-ग्यारह साल की लड़की 'लेक्चर' दे रही थी। लड़की को पाजामा और कुरता पहने देखकर बहुत अचरज हुआ था। सुना, सोनपुर के मौलवी साहब की बेटी है। मौलवी साहब 'खिलाफत' के समय से ही 'मोटिया' पहनते हैं, चर्खा कातते हैं। सफेद पाजामा-कुरता पहने, कंधे पर तिरंगा झंडा लेकर खड़ी लड़की!

1934 के प्रलयंकारी भूकंप के बाद, दूसरी बार देखा था। चार साल में ही काफी बड़ी दीख रही थी। महात्मा गाँधी भूकंप-पीड़ित क्षेत्र के दौरे पर आये थे। मंच पर गाँधीजी के पास खड़ी लड़की को पहचानने में कोई दिक्कत नहीं हुई थी।...प्रार्थना-सभा में कुरानशरीफ की आयतों का सस्वर-पाठ करती हुई मौलवी साहब की बेटी! हाल ही दो साल की सजा काटकर जेल से निकली है। कहते हैं, गिरफ्तारी के समय पुलिस के डंडे से बुरी तरह घायल हो गयी थी।

1937 में तीसरी बार। निकट से देखने का पहला अवसर मिला। स्कूल के मैदान में जिला राजनैतिक-सम्मेलन का आयोजन किया गया था। काँग्रेसी-मिनिस्टरी के दिन थे। इसलिए स्कूल में ही प्रतिनिधियों के ठहरने की व्यवस्था की गयी थी और स्कूल

के बालचर काँग्रेस-सेवादल के स्वयंसेवकों के साथ मिलकर काम कर रहे थे। सेवादल की जी. ओ. सी. मौलवी साहब की बेटी को पहली बार 'फातिमादि' कहकर पुकारा था। उस सभा में प्रोफेसर अजीमाबादी की तकरीर के समय, मुस्लिमलीगियों ने गड़बड़ी मचाने की कोशिश की। फातिमादि लपककर मंच पर गयी थीं। और उनकी तेज आवाज पंडाल में गूँज उठी थी—"गद्दारो! शरम करो।"

और, 1943 में पाँच महीने तक दिन-रात उनके साथ रहना पड़ा। बनारस, लखनऊ, इलाहाबाद और गोरखपुर की गलियों में, 'आजाद दस्ता' के क्रांतिकारी कार्यक्रमों को लेकर अलख जगानेवाली फातिमादि की तसवीरें आँखों के आगे आती हैं, एक-एक कर।...गिरफ्तारी के समय पुलिस-सार्जेंट की भद्दी गालियों के जवाब देते समय उनके चेहरे पर जो बिजली कौंधी थी; 1947 में हिंदू-मुस्लिम दंगे के समय उपद्रवियों से जूझते समय उनके मुखमंडल पर जो आभा छायी रहती थी, सबको इस कत्थई रंग के बुरके ने कैसे ढँक दिया? यह कैसे हुआ?

मैं उनके चेहरे पर पड़े परदे की चित्थी-चित्थी उड़ा देना चाहता हूँ। मैं फातिमादि की सूरत देखना चाहता हूँ और वह चीखकर अपनी दोनों हथेलियों से अपना मुँह ढँक लेती हैं—"नहीं-नहीं। ओजू!...अजीत...मेरा चेहरा मत देखो...।"

सपना टूटने के बाद बहुत देर तक मैं चुपचाप पड़ा रहा। ऑल इंडिया रेडियो का 'सिगनेचर-ट्यून' शुरू हुआ। हठात्, मन में एक खयाल आया—आकाशवाणी के 'सिगनेचर-ट्यून' को बदलने के लिए अब तक कोई 'हंगामा' क्यों नहीं हुआ? यह तो शुद्ध 'अजान' का सुर है।...वायलिन पर चढ़ती-उतरती नमाज की पुकार।

'दानिश-मंजिल' की सीढ़ियों पर चढ़ते समय मुझे लगा, इस पुरानी इमारत की हर ईंट मुझे ताज्जुब-भरी निगाहों से देख रही है।

"किससे मिलना है?"

"फातिमादि से।"

"किससे?"

"फातिमादि से।"

सवाल पूछनेवाला अचरज से बुत बना खड़ा रहता है। फिर बुदबुदाता है—"फातिमादि?"

गुड़िया-जैसी खूबसूरत लड़की हँसती हुई आती है, सलाम करती है और कहती है, "मौसी पूछती हैं कि बहू को क्यों नहीं ले आये?"

मैं समझ गया, फातिमादि आज भी मेरे सामने नहीं आयेंगी। आज भी इसी लड़की को बीच में रखकर बातें चलायेंगी।

उधर कई कमरों के दरवाजे जोर से बंद हुए। मद्धिम आवाज में बजते हुए रेडियो अचानक चुप हो गये। हवा में फिसफिसाहट और सरगोशियाँ।

"सुना है, अफसाने लिखते हो?" चिक की आड़ से सवाल पूछा गया।

फर्श पर बिछी फटी दरी की ओर देखते हुए मैंने जवाब दिया—"जी हाँ, झूठ बोलने की आदत को अब पेशा...।"

खिलखिलाहट सुनकर 'दानिश-मंजिल' की कई खिड़कियाँ चरमराकर खुलीं। भुने हुए प्याज की गंध से कमरा भारी हो गया। और इसी गंध ने मेरे दिमाग में हाल की एक घटना की याद जगा दी।...एन. सी. सी. के कैंप के बावर्चीखाने में 'जहर-कातिल' की शीशी के साथ पकड़े गये उस मुसलमान नौजवान का नाम क्या था?

गुड़िया-जैसी लड़की का नाम नगमा है। वह एक प्याली चाय ले आयी। मैं झूठ बोलना चाहता था, मगर बोल नहीं सका। चाय की प्याली हाथ में लेकर मैंने पूछा—"तो फातिमादि...आप इतने दिन से...मेरा मतलब...आप न जाने कहाँ खो गयीं?"

जवाब मिला, "बहू को लेकर कब आ रहे हो?"

मैं आँखें मूँदकर चाय पी गया। मैं समझ गया, फातिमादि मेरे सवाल का जवाब नहीं देना चाहतीं। मुझे अब थोड़ा संदेह भी होने लगा, यह खातून हमारी फातिमादि नहीं, कोई और हैं।

मैं कुरसी छोड़कर उठा। नगमा तश्तरी में पान ले आयी। इस बार साफ-साफ झूठ बोल गया, "मैं पान नहीं खाता।"

चलते समय मैंने हिम्मत बाँधकर कह दिया, "माफ करें। मुझे लगता है, आप हमारी वह फातिमादि नहीं...।"

"तुमने ठीक समझा है, अजीज।"

अजीज? मैं फिर चौंका। याद आयी, फातिमादि मुझे अजीज नहीं, अजीत कहा करती थीं। मैं खामोश खड़ा रहा और चिलमन के उस पार फिर एक खुली खिलखिलाहट खनक उठी।

'दानिश-मंजिल' की सीढ़ियों से उतरते समय मुझे लगा, इस पुरानी इमारत की हर ईंट मुझे नफरत-भरी निगाह से देख रही है।...मैं उस नौजवान का नाम याद करने की कोशिश करने लगा, जिसने एक हजार 'कैडेट' के भोजन में जहर मिला दिया था।

'अमजदिया-होटल' के सामने दीवार पर एक उर्दू 'पोस्टर' चिपकाया जा रहा है। मोटे हरूफों में लिखा हुआ है–'नेशनलिस्ट-मुस्लिम कनवेंशन मुर्दाबाद!... गद्दारों से होशियार!'

उस नफरत-आमेज पोस्टर को पढ़कर एक मौलाना तैश में बड़बड़ाने लगा–'इन नद्दाफ के बच्चों ने रुई धुनना छोड़कर अब कौम को धुनना शुरू किया है। इन्हें सबक सिखाना होगा। नेशनलिस्ट के बच्चे...!'

मुझे मितली आने लगी। रिक्शा पर बैठकर मैंने अपनी नाड़ी पर उँगली रखी। दिल जोर-जोर से धड़कने लगा। पसीने से देह तर-ब-तर हो गयी।...चाय के स्वाद में थोड़ी तुर्शी थी न?...दाहिनी ओर जनरल हॉस्पिटल है और बायीं ओर पुलिस चौकी। सोचने लगा, पहले किधर जाना ठीक होगा?

किंतु रिक्शावाले ने पूछा तो जवाब दिया, "राजेन्द्रनगर ले चलो।"

एक कहानी-गोष्ठी में 'नयी कहानी', 'अ-कहानी', 'आज की कहानी', 'आनेवाले कल की कहानी' पर लगातार चार घंटों तक चुपचाप वाद-विवाद सुनने के बाद सीधे घर लौटने की हिम्मत नहीं हुई। ऐसी हालत में गंगा के किनारे अथवा किसी 'बार' में बैठकर ही अपने को ढूँढ़ना पड़ता है। लेकिन रिक्शावाले ने पूछा तो जवाब दिया, "राजेन्द्रनगर चलो।"

'गोलमार्केट' के पास पहुँचकर हमेशा की तरह अपने फ्लैट और कमरे को दूर से ही देखा। अपने कमरे में रोशनी देखकर माथा ठनका–अब कहाँ जायेंगे?

दिल को कड़ा किया–कोई भी हो, माफी माँग लूँगा। कोई बहाना बनाकर विदा कर दूँगा।

सीढ़ियों पर चढ़ते-चढ़ते मैंने सारी दुनिया की परेशानी ओढ़ ली। दुनिया से बेज़ार एक आदमी का मुखौटा चेहरे पर लगाकर दरवाजा खटखटाया। किंतु दरवाजा खुला तो देखा पत्नी के मुख-मंडल पर खुशी की लाली बिखरी हुई है। मेरी लटकी हुई सूरत पर उसकी नजर ही नहीं पड़ी। हुलसती हुई बोली, "कहो तो कौन आये हैं?"

मुझे अवाक् होने का मौका ही नहीं मिला। हँसती-मुसकाती नगमा ने आकर सलाम किया। पत्नी बोली, "ओहो! तीन घंटे से हम हँस रहे हैं।...तुम कहाँ थे?...और, तुम भी खूब हो! कभी बताया नहीं।"

"क्या नहीं बतलाया?" मैंने पूछा।

"यही कि तुम हिंदू नहीं, मुसलमान हो!" मेरे कमरे से आवाज आयी।

देखा, फातिमादि सारे फ्लैट को रौशन करके बैठी हैं। बुरका फर्श पर पड़ा हुआ है। बुरका नहीं, चित्थी और चीथड़े!

"यह कैसे हुआ? किसने?"

पत्नी बोली, "और कौन! तुम्हारी दुलारी बेटी नौमी...जब तक बुरका नहीं उतारा, भौंकती रही। और जब बुरका उतारकर रखा तो दाँत से नोच-नोचकर छुट्टी कर दिया।"

"वह है कहाँ?"

देखा, फातिमादि की गोदी में आँचल के नीचे दुबककर बैठी है, शैतान। कोई अपराध करने के बाद वह इसी तरह मुँह बनाकर बैठती है।

"गोदी से उतरती ही नहीं! गुर्राती है।" नगमा बोली।

उन्नीस-बीस साल के बाद देखा, फातिमादि जैसी की तैसी हैं। सिर्फ, आँखों के पास कई नयी रेखाएँ उभर आयी हैं।

पत्नी की हँसी छलक रही थी रह-रहकर। किस्सा सुनाने लगी—"नौमी को बाँधकर मैंने दरवाजा खोला। इन्होंने पूछा, 'अजीज हैं घर में?' मैं बोली, कौन अजीज?...अजीज नहीं, अजीत। तो बोलीं—'अरे हाँ-हाँ, सुना है उसने अपने नाम का एक हरूफ बदलकर अपने को हिंदू बना लिया है और एक बेचारी हिंदू लड़की से शादी कर ली है।' मैं तो अवाक्...!"

"अच्छा! तो भाभीजान अब तक मुगालते में हैं। क्यों अजीज? इस तरह किसी का धरम बिगाड़ना कुफ्र नहीं तो और क्या है? लेकिन मान गयी तुमको। हो उस्ताद! बुतपरस्त बनने के बाद अपना देवता भी चुना तो एक ऐसे दाढ़ीवाले को जिसने कलमा पढ़कर...।"

उन्हें श्रीरामकृष्ण परमहंस देव की मूर्ति की ओर इस तरह इशारा करते देखकर हम सभी ठठाकर हँस पड़े।

हँसी की हिलोरें थमीं तो मैंने पूछ लिया, "अच्छा, अब बताइए। आप कहाँ थीं? कहाँ हैं?"

"कब्र में थी, कब्र में हूँ।"

पत्नी रसोईघर में चली गयी। मुझे लगा, अभी यह सवाल पूछना उचित नहीं हुआ।

फातिमादि ने पूछा, "तुमने क्या सोचा था?...पाकिस्तान चली गयी है। है न?"

"आपने पॉलिटिक्स क्यों छोड़...?"

"यह मुझसे क्यों पूछते हो? अपने उन नवाबजादों से कभी क्यों नहीं पूछा, जो रातोंरात 'देश-भगत' बनकर काँग्रेस के खेमे में दाखिल हो गये—बगल में छुरी

दबाकर। अपने नेताओं से क्यों नहीं जवाबतलब करते? कल तक गाँधी-जवाहर-पटेल को सरेआम गालियाँ देनेवाले, कौमी झंडे को जलानेवाले फिरकापरस्त लीगियों की इज्जत अफजाई की गयी और मुल्क के लिए मरने-मिटनेवालों को दूध की मक्खियों की तरह निकाल फेंका।...तुम खुद अपने से यह सवाल क्यों नहीं पूछते?" फातिमादि का चेहरा लाल हो गया। मुझे खुशी हुई।

मैंने टोका—"लेकिन, आपका इस तरह खामोश हो जाना...।"

"खामोश?" लगा, सिंहनी तड़फ उठी—"इन जालिमों ने मुझ पर क्या-क्या कहर ढाये, यह तुम्हें क्या मालूम?...और, हमने किस दरवाजे की कुंडी नहीं खटखटायी! मगर, दिल्ली से पटना तक के खुदाबंदों ने मुझे अकल की दवा करने की सलाह दी। शादी करके बच्चे पैदा करने की नसीहत दी। और आखिर में धमकियाँ...ओह... अजीज...!"

फातिमादि का गला भर आया। पत्नी न जाने कब आकर खड़ी हो गयी थी। बोली, "तुम भी अजब आदमी हो...!"

नौमी, जो अब तक दुबककर बैठी थी, फातिमादि के चेहरे को सूँघकर 'कुँई-कुँई' करने लगी।

"अब भी लोगों को होश नहीं हुआ है। इन्हें, सिर्फ अपनी गद्दी की फिक्र है। देश जहन्नुम में जाये। इन्हें क्या?" फातिमादि की बोली में गहरी पीड़ा उतर आयी थी—"तुम...तुम...अफसाने लिखते हो न?...याद है, आजादी के पहले जिन तरक्की-पसंद अदीबों की नज्मों और अफसानों में हिंदू-मुस्लिम इत्तहाद की बातें, 'मानवता' की दुहाई और न जाने क्या-क्या ठुँसी रहती थीं, आजादी के बाद अचानक उनकी बोलियाँ बंद ही नहीं, बदल गयीं...। अव्वाम की कसमें खानेवाले टुकुर-टुकुर देखते रहे और फिरकापरस्त अजदहों ने पूरी कौम को लील लिया।"

पत्नी ने टोका—"फातिमादि, खाना ठंडा हो जायेगा।"

टाउन-हाल में 'नेशनलिस्ट-मुस्लिम-कान्फ्रेन्स' की तैयारी धूमधाम से हो रही है। देश के कोने-कोने से प्रतिनिधियों के आने की खबरें छप रही हैं। और इन्हीं खबरों के साथ मोटी सुर्खियों में इस कान्फ्रेन्स की मुखालिफत के समाचार भी छपते हैं। रोज दोनों ओर से, सैकड़ों नामों के साथ बयान शाया होते हैं। विरोधियों का कहना है कि कोई 'गैर-नेशनलिस्ट नहीं, सभी मुसलमान नेशनलिस्ट हैं। और अपने को नेशनलिस्ट कहनेवाले खुलेआम कहते हैं कि पुराने 'मुस्लिम-लीगियों' के दिल-दिमाग में फिरकापरस्ती का जहर है। उन पर यकीन नहीं किया जा सकता। बहुत दिन से किसी राजनैतिक जलसे में शरीक नहीं हुआ था। किंतु इस बार अपना 'कर्तव्य' समझकर इस सम्मेलन

में सम्मिलित होने के लिए पहुँचा। किंतु, वहाँ का दृश्य देखकर फुटपाथ पर ही ठिठककर खड़ा रहा।

टाउन-हाल के सामने सड़क के दोनों ओर हजारों लोग खड़े नारे लगा रहे थे। गालियाँ, नारे और रह-रहकर रोड़े और पत्थरों की बौछार!

पुलिस के सिपाही चुपचाप कतार बाँधकर खड़े थे, क्योंकि प्रदर्शनकारियों की रहनुमाई 'कुलीन मुस्लिम' नेताओं के साहबजादे और बड़े अफसरों के लड़के कर रहे थे। मुझे लगा, हम फिर सन् 1947 साल में लौट गये हैं। हवा में फिर वही जुनून, वही नारे, वही नज्जारे, वही चेहरे!!

"लेना। लेना। जा रहा है काफिर का बच्चा!"

"तड़तड़ाक्! तड़तड़ाक्!"

"यह रहा हरामखोर! मारो साले को!"

"सूअर की औलाद!"

"तड़तड़ाक्!"

अब वे हर डेलीगेट को पकड़कर पीटने लगे। उत्तेजना की लहरें तेज होती गयीं। नारे, गालियों और रोड़ों की वर्षा जोर-शोर से होने लगी।

"महात्मा गाँधी की जय!"

एक महीन किंतु तेज आवाज! हठात् सबकुछ रुक गया। लोगों ने देखा, अंजुमन इस्लामिया हॉल के प्रवेशद्वार—अब्दुल बारी-दरवाजा—के सामने एक औरत खड़ी नारे लगा रही है।

फातिमादि? मुझे अपनी आँखों पर विश्वास नहीं हुआ। देखा, फातिमादि ही हैं।

"कौन है यह औरत?"

"कोई हिंदू...?"

"अरे नहीं। पहचानते नहीं। यह वही कुतिया है।"

"फातिमा?...साली फिर कहाँ से आ गयी?"

"कुत्ती!"

पागलों का एक जत्था नाचता, अश्लील गालियाँ देता हुआ फातिमादि की ओर झपटा। फातिमादि मुस्कुराती खड़ी रहीं। देखते-ही-देखते दरिंदों ने उनको जमीन पर पटक दिया और बाल पकड़कर घसीटना शुरू किया। दोनों ओर खड़ी भीड़ ने तालियाँ बजायीं—'शाबाश!' जब तक पुलिस के सिपाहियों की टुकड़ी पहुँचे, उन्होंने फातिमादि के सभी कपड़े उतार लिये थे।...मैं इससे आगे और कुछ नहीं देख सका।

कई दिन के बाद बहुत हिम्मत बाँधकर हम दोनों अस्पताल में फातिमादि को देखने पहुँचे।

केबिन के दरवाजे के पास ही नगमा खड़ी मिली। हमें देखते ही बिलख-बिलखकर रोने लगी।

"जानवरों ने फातिमादि के चहेरे पर एसिड की शीशी उँड़ेल दी थी। चेहरा झुलसकर काला हो गया है। एक आँख खराब हो गयी है।...हाथ की हड्डी टूट गयी है–"

आहट पाकर उनके ओठ थरथराये। शायद मुस्कुराने की कोशिश कर रही हैं। फिर धीमे स्वर में बोलीं–"दुर पगला! यहाँ रोने आया है? जलवा देख।...भाभी! कल सूजी का 'पायस'...क्या कहते हैं उसको...'परमान्न'...बनाकर ले आना। नौमी को भी साथ लाना।"

फातिमादि को कभी इस तरह देखूँगा, इसकी कल्पना भी नहीं की थी हमने।

अगस्त, 1966

अक्ल और भैंस

जब अखबारों में 'हरी क्रांति' की सफलता और चमत्कार की कहानियाँ बार-बार विस्तारपूर्वक प्रकाशित होने लगीं, तो एक दिन श्री अगमलाल 'अगम' ने भी शहर का मोह त्यागकर, खेती करने का फैसला कर लिया। गाँव में, उनके चार-पाँच बीघे जमीन थी जिन्हें बटाईदारी पर उठाकर, अगमलाल जी 'अगम' आज से सात साल पहले ही गाँव छोड़कर जिला के सदर शहर में आ बसे थे। चूँकि उनके नाम के साथ उनका 'उपनाम' भी लगा हुआ था, इसलिए शहर के लोगों को यह जानने में देरी नहीं लगी कि 'अगमजी' एक साहित्यिक प्राणी हैं। एक मित्र से किसी वकील की मुहर्रिरी करने की पैरवी करवाई तो वकील साहब ने उनके उपनामयुक्त नाम पर ही एतराज किया—"एक ही साथ दो नाम रहना गैरकानूनी है। और जिसका नाम ही गैरकानूनी हो वह कानूनी कारबार कैसे कर सकता है?"...एक सेठजी के घर बच्चों को पढ़ाने का 'टप्पस' लगाया तो सेठजी भी उनके नाम और उपनाम से भड़के। पूछा—क्यों जी? गाणा-वाणा तो नहीं बजाते हो?...नहीं जी, हमें ऐसा मास्टर नहीं चाहिए। चारों ओर से हारकर आखिर एक दिन 'अगम' जी अपने नाम की कुर्बानी करने को तैयार हो गये। अपने नाम के अतिरिक्त-अंश को कतरकर अलग करना चाहते थे कि नौकरी दिलाने वाले देवता अचानक प्रसन्न हो गये, मानो। एक पुराने प्रेस में 'प्रूफ' देखने की नौकरी मिल गयी और तब से अगमलालजी 'अगम' अपने अखंड नाम के साथ ही, प्रूफ देखते हुए साहित्य सेवा में संलग्न थे। किंतु इस 'हरी क्रांति' की हवा ने 'अगम' जी के हृदय को ऐसा हरा बना दिया कि उन्हें चारों ओर हरी-हरी ही सूझने लगी। और अंततः एक दिन शहर छोड़कर बोरिया-बिस्तर समेत गाँव वापस आ गये।

गाँव के लोगों ने जब 'अगम' जी के ग्राम-प्रत्यागमन का समाचार कारण सहित सुना, तो उन्हें खुशी नहीं, अचरज हुआ। कई निकट के संबंधियों और शुभचिंतकों ने उन्हें नेक से नेक सलाह देकर शहर वापस भेजना चाहा। किंतु 'अगम' जी की आँखों के आगे सदैव 'उन्नत किस्म' के गेहूँ की बालियाँ झूमती रहतीं, 'शंकर मकई' के भूरे-भूरे बाल लहराते रहते। और जब आँखों में नींद आती, तो अपने साथ नये किस्म के उन्नत सपने ले आती—आलू की ढेरी, ऊख के अम्बार और हरे चने और मटर की

मखमली खेती वाले सपने! सो 'अगम' पर किसी की सलाह का कोई असर नहीं हुआ और वे उत्साहपूर्वक अपने जीवन की 'प्रूफ रीडिंग' यानी भूलों को सुधारने में लग गये।

खेती करने के लिए सबसे पहले हल, बैल और हलवाहे की आवश्यकता होती है। हल और बैल तो खरीद लिए गये। किंतु हलवाहा की समस्या जटिल प्रतीत हुई। अव्वल तो आजकल गाँव का सबसे निकम्मा आदमी ही हलवाही करता है। निकम्मा अर्थात् जिसे 'घर-घरहट', 'छौनी-छप्पर' और 'कोड़-मकान' का कोई 'लूर' नहीं, जो गाड़ी-बैल भी हाँक सकता—ऐसे 'फूहड़' आदमी के लिए गाँव में हलवाही के सिवा और कोई धंधा नहीं। ऐसे लोग, किसी भी गाँव में, आजकल बहुत कम ही मिलते हैं। एकाध हुए भी तो ऐसे लोग को गाँव के बड़े-बड़े किसान बहुत पहले से ही चारा-पानी खिलाकर यानी 'अग्रिम पारिश्रमिक' (कर्ज नहीं) देकर अनुबंधित कर लेते हैं, सो बहुत खोज-ढूँढ़ करने के बाद, गाँव का सबसे अपाहिज और काहिल पुरुष बिल्लू दास—'अगम' जी की किस्मत में आकर जुटा। बहुत 'खुशामद-दरामद' और प्रलोभन के बाद—नित्य सुबह-शाम एक गिलास गर्म चाय पिलाने की शर्त पर बिल्लू महाराज राजी हुए। 'अगम' जी ने सबसे पहले उनके नाम को 'प्रूफ रीडिंग' करके सुधारा—बिल्लूदास नहीं, बिलोमंगल! बिलोमंगल जी गाँव के सर्वश्रेष्ठ आलसी माने जाते थे। किंतु 'मुहूरत' के दिन ही 'अगम' जी ने उनको एक गिलास 'औरेंज पिकोदार्जिलिंग' चाय पिलाकर उनकी सारी सुस्ती इस तरह दूर कर दी कि वे तत्काल ही इतने चुस्त हो गये कि उनके अंग-अंग फिल्मी गीतों पर डोलने लगे। हल जोतते समय जब गाँव के अन्य हलवाहे-मजदूर 'बिरहा-बारहमासा' गाते तो बिलोमंगल जी के पैर 'मस्तानी महबूबा' के तर्ज पर थिरकते रहते। इसी प्रक्रिया में एक दिन दाहिने बैल के पिछले पैर में 'फाल' लग गया। 'अगम' जी को यह नहीं मालूम था कि हल का फाल भी इतना खतरनाक हो सकता है कि जरा-सा लग जाने पर महीनों तक बैल लँगड़ा होकर बैठा रहे!

खैर, शुभचिंतकों और संबंधियों से बैल और भैंसा मँगनी करके, 'अगम' जी ने किसी तरह खेतों को तैयार करवाया। कस्बे से रासायनिक खाद खरीद लाए और 'बीज-वपन' के लिए शुभ दिन देखकर—गेहूँ की 'बोवाई' हो गयी। 'बोवाई' के बाद दोनों—अगम और बिलोमंगल—इतने प्रसन्न हुए कि रात-भर मिल जुलकर—डुएट-भाव से—'मिट्टी में सोना' उपजाने वाले गीत गाते रहे। उसी दिन 'अगम' जी ने अपने शहरी साहित्यिक मित्रों को कई लंबी-लंबी चिट्ठियाँ लिखीं, जिनमें 'नयी खेती' के 'नये अनुभवों' के आधार पर उन्होंने घोषित किया कि खेती करने में, कविता और चित्रकारी करने का आनंद, एक ही साथ प्राप्त होता है।

कई दिनों तक स्वामी-सेवक 'बोआई' के आनंद में मग्न रहे। कि एक दिन सूर्योदय के एक घंटा पहले ही एक शुभचिंतक ने आकर दरवाजा पीटना शुरू कर दिया। सुबह के सुनहले सपने को खोकर 'अगम' जी अत्यंत अप्रसन्न हुए। शुभचिंतक जी को भला-बुरा कहना चाहते थे किंतु, इसके पहले ही शुभचिंतक जी ने सूचना दी—"तुम सोए हो! जाकर देखो, तुम्हारे खेत में गेहूँ का एक भी दाना बचा भी है या नहीं।"

अगम जी समझ गये, सुबह-सुबह दिल्लगी करके चाय पीने आया है। वे बोले—"क्यों? गेहूँ के दाने कहाँ चले जाएँगे?"

शुभचिंतक बोले—"अरे, जाकर देखो ना, हजारों-हजार कौआ, मैना और दुनिया-भर की चिड़ियों का झुंड तुम्हारे ही खेतों में पड़े हैं। गेहूँ के दाने चुग रहे हैं।"

"क्या सुबह-सुबह दिल्लगी करने आ गये?"—अगमजी ने कहा।

"मैं दिल्लगी करने नहीं आया, तुमको 'चेताने' आया हूँ।"

अगम जी ने तकिए के नीचे से 'गेहूँ की सफल खेती' नामक पुस्तिका शुभचिंतक के सामने फेंकते हुए कहा—"मुझे इतना उल्लू मत समझना। मैंने गेहूँ की सफल खेती के बारे में एक-एक शब्द पढ़ लिया है और जहाँ-जहाँ 'प्रूफ' की गलतियाँ थीं उन्हें शुद्ध भी कर दिया है। समझे? इस किताब को खोलकर कहीं भी किसी अध्याय की किसी भी पंक्ति में खोजकर निकाल दो कि गेहूँ की 'बोआई' के बाद 'चिड़िया-उड़ाई' भी आवश्यक...।"

शुभचिंतक जी ने अप्रसन्न होकर जवाब दिया—"तुम्हारी इस किताब में क्या लिखा है और क्या नहीं लिखा है—यह मैं नहीं जानता। सामने तुम्हारे खेत हैं। जाकर खुद देखते क्यों नहीं कि खेतों में चिड़ियों के कितने अध्याय और कितनी पंक्तियाँ हैं...।"

'बोआई' के बाद सभी किसानों के हलवाहे-रखवाले, सूर्योदय के बहुत पहले ही खेतों पर चले जाते हैं। दुनिया-भर की चिड़ियों की टोलियाँ...कचर-पचर करती हुई खेतों में उतरना चाहती हैं। किंतु वे पटाखे छोड़कर तथा फटे कनस्तरों को पीट-पीटकर उन्हें उड़ाते रहते हैं—हा, हा-ए!

अगमलालजी 'अगम' ने गाँव से बाहर जाकर देखा—सचमुच अद्भुत व्यापार! ...जो बात किताब के किसी पृष्ठ पर नहीं, वह खेत पर लिखी है...आधुनिक कविता की पंक्तियों की तरह। और जिस तेजी से उन पखेरुओं के चोंच चल रहे थे, उतनी तेजी से किसी प्रेस में 'ऑटोमेटिक कंपोजिंग' भी नहीं होती होगी। एक ही घंटा में सब गेहूँ चुनकर खत्म कर देंगे!...'अगम' जी के अंतर से पूरी शक्ति के साथ बस एक ही शब्द अनायास निकल पड़ा...'हा-हाय!'

किंतु उनके 'हाय' का कोई खास असर नहीं हुआ और हाथ की तालियों से जब पंछियों के एक पंख भी नहीं फड़के, तो उन्होंने एक ढेला उठाकर फेंका। ढेला खेत में गिरा, तो इधर चरती हुई चिड़ियाँ उड़कर उधर जा बैठीं और चुगने लगीं। अगम जी दौड़कर उस मेंड़ पर गये, तो पंछियों के दल उड़कर दूसरे तरफ बैठ गये। तब तक बिलोमंगलजी भी सहायता के लिए पहुँच गये थे। अगम जी को राहत मिली। पटाखे या कनस्तर तो थे नहीं इसलिए दोनों बहुत देर तक इस मेंड़ से उस मेंड़ पर दौड़-दौड़कर 'ढेलेबाजी' करते रहे। सूरज बाँस भर चढ़ आया और पूस की सुबह का कुहासा तनिक छँटा और चिड़ियों के पेट भर गये तो वे स्वयं ही उड़कर बाँसों तथा पेड़ों की फुनगियों पर जा बैठीं।

उस दिन लौटकर 'अगम' जी ने गेहूँ की 'सफल खेती' नामक पुस्तिका के अंतिम पृष्ठ पर नोट लिखा—"बीज की 'बोआई' के बाद ही...'चिड़िया-उड़ाई' पर विस्तारपूर्वक एक अध्याय लिखकर पुस्तिका के अगले संस्करण में जोड़ दिया जाए।"

'नोट' लिखने के बाद अगम जी ने बिलोमंगल से कहा..."कल सूरज से दो घड़ी पहले ही खेत पर एक फूटा कनस्तर लेकर पहुँच जाना।"

"फूटा कनस्तर कहाँ से लावेंगे?"—बिलोमंगल का सवाल था।

"कनस्तर?...तुमको कहीं फूटा हुआ कनस्तर भी नहीं मिलेगा?"

जवाब मिला—"जी हमारी नजर में तो कहीं कोई फूटा कनस्तर नहीं पड़ा। आपने कहीं देखा हो तो कहिए ले आता हूँ।...हाँ सहुआइन की दूकान में साबुत कनस्तर जरूर मिल सकता है।"

बिलोमंगल लौटकर एक रुपया में एक कनस्तर उधार ले आए। कनस्तर को अगम जी के कान के पास पीटकर परीक्षा देते हुए कहा..."देखिए। एकदम साबुत है।"

कनस्तर की समस्या हल करने के बाद ही बिलोमंगल ने दूसरा सवाल पैदा कर दिया—"लेकिन हमसे यह काम नहीं होगा।"

"क्यों?"

बिलोमंगल ने सर्वप्रथम कारण बतलाया, "...बात यह है कि बाबूसाहेब कि हम ठहरे बैस्नव आदमी। भोरे-भोरे इतने 'प्राणी' के मुँह का आहार छीनने का काम हमसे मत करवाइए।"

अगमलाल जी को अचरज हुआ...क्या कहता है यह आदमी! झुंझलाए, "...तो क्या चिड़िया उड़ाने के लिए दूसरा आदमी रखना होगा?"

बिलोमंगल ने भी झुंझलाकर जवाब दिया, "...एक तो जाड़े का मौसम तिस पर सूरज उगने के दो घड़ी पहले ही उठना। इसके बाद, खेत पर पाँव-पैदल जाना। आजकल सुबह-सुबह ऐसी कनकनी वाली पछिया हवा चलती है कि देश क्या जीभ भी सुन्न हो जाता है..."

अंततः सम्मानपूर्ण शर्तिया समझौता हुआ—कल से सूरज उगने के दो घण्टा पहले नहीं, एक घंटा पहले, बिलोमंगल अगम जी का ऊनी ओवरकोट और 'कनझप्पा टोपी' पहनकर पैरों में काबुली चप्पल डालकर एक गिलास गरम चाय पीने के बाद—एक बीड़ी सुलगाकर दूसरी जेब में रखते हुए—कनस्तर लेकर खेत पर पहुँचेगा। वह चिड़ियों को उड़ाएगा नहीं, सिर्फ 'चल उड़ जा रे पंछी' गीत गाता हुआ, ताल पर कनस्तर बजाया करेगा।

'चिड़िया-उड़ाई' के बाद जब खेत में गेहूँ के पीके फूटे और धीरे-धीरे तब अगम जी को मालूम हुआ कि बिलोमंगल की दाहिनी आँख जन्म से ही दृष्टिहीन है। जिस स्थान पर बैठकर वह नित्य कनस्तर पर टेका बजाया करता था, उससे दाहिनी ओर के खेतों में बहुत कम पौधे उगे।

अस्तु पौधे बढ़ने लगे। हरियाली गहरी होती गयी और अगम जी दूर होते गये और बिलोमंगल जी 'हरियाली और रास्ता' के गीत गाते रहे। किंतु सिंचाई करने का समय आया तो बिलोमंगल जी फिर अकड़ गये—"हम हलवाही करने के लिए बहाल हुए हैं, पानी पटाने के लिए नहीं।"

इस बार भी सम्मानपूर्ण समझौता हुआ—बिलोमंगल जलपान करके खेत में जल सींचने के लिए खाली हाथ जाएगा, किंतु गाँव के किसी किसान से 'झगड़ा-कनिया' नहीं करेगा। कोई जोर-जबर्दस्ती करे, तब भी नहीं।

पहली सिंचाई के अंतिम दिनों में भी जब अगम जी ने अपने खेतों में धूल उड़ते देखा, तो उनका माथा ठनका। खेतों में जाकर देखा—एक चुल्लू पानी भी किसी दिन नहीं पड़ा है। कारण पूछने पर बिलोमंगल जी के सम्मान को चोट लगी। उन्होंने समझौते की शर्तों का स्मरण दिलाते हुए कहा—"बाबू साहेब! यहाँ तो कहावत चालू हो गया है कि 'जो दिखावे मर्दानी—वह पावे पानी।' हम ठहरे हलवाहा आदमी। उधर, गाँव के बड़े-बड़े बाबू किसान खुद पानी के लिए आते हैं। उनसे 'बतकुटी' करके मार खाने कौन जाए? आप खुद क्यों नहीं जाते?"

अंततोगत्वा, अगम जी स्वयं ही सिंचाई के लिए पानी लाने के लिए खेत पर गये। वहाँ पहुँच कर उन्होंने देखा—हर नहर, आहर, छहर और पैन पर गाँव के बड़े-बड़े किसान लाठी और लठैतों के साथ जमे हुए हैं। अगम जी ने जब देखा कि बगैर लाठी और लठैती के पानी पाना असंभव है, तो उन्हें 'सत्याग्रह' की याद आयी। उन्होंने ऐलान करके कहा—"सभी लोग सुन लें। कल से अगर मुझे पानी नहीं लेने दिया गया तो मैं यहीं इसी 'साइफन' पर बैठकर 'आमरण-अनशन' शुरू कर दूँगा।"

लेकिन नहर-विभाग में 'पार्ट-टाइम' करने वाले, गाँव के एक किसान नौजवान ने उनकी आमरण-अनशन-घोषणा को एक ही बात से निस्तेज कर दिया—"आपने तो पानी के लिए 'सट्टा' ही नहीं करवाया है तो पानी कैसे मिलेगा?"

"सट्टा? यह 'सट्टा-पट्टा' क्या होता है?" अगम जी ने पूछा।

"जी, 'सट्टा' माने 'एग्रिमेंट'। जिन्होंने सट्टा करवाया है, पानी उन्हें ही मिलेगा। 'अनअथाराइज्ड' पानी लेने पर तुरत मुकदमा दायर हो जाता है।"

अगम जी की सिट्टी-पिट्टी गुम हो गयी। वे चुपचाप मुँह बाए अपने सहायक बिलोमंगल जी की ओर देखते रहे। बिलोमंगल ने उनको फिसफिसाकर बताया—"बाबू साहेब! यहाँ हर बात में 'पाटीपोलटिस' होता है।"

"पाटीपोलटिस"—अगम जी मुँह बाए ही रहे।

"जी! गाँव 'दोपाटी' है। 'पुआरी-टोल' पाटी और 'पचियारी-टोल' पाटी। आपका घर दोनों टोले के बीच 'सीवान' पर पड़ता है। आपको लोग न इस टोल की पाटी में समझते हैं, न उस टोल की पाटी में...।"

अगम जी गम खाकर गुमसुम लौट आए। रात-भर उनको अपनी निर्बलता पर, उनके अपने ही हृदय में ग्लानि और क्षोभ के बादल घुमड़ते रहे! और अंत में निर्बल के बल रामजी को उन पर ऐसी दया आयी कि आसमान में घने काले बादल उमड़ आए और घनघोर वृष्टि शुरू हुई। अपने सहायक को 'बरसात' का गीत गाने के लिए उन्होंने पुरस्कार दिया प्रसन्न होकर। सुबह जाकर देखा कि बगैर 'सट्टा-पट्टा' के ही उनके खेत में पानी छलमला रहा है...पानी रह गया उनका!

पौधे एक बालिस्त भर और बढ़े तो अगम का हौसला भी डेढ़ हाथ बढ़ा। बढ़ता ही जा रहा था कि एक सुबह को बिलोमंगल जी आकर कोई आवश्यक सूचना देते हुए तुतलाने लगे। बार-बार 'भैंस-भैंस' सुनकर अगम जी ने समझा कि आज दूध वाले ने दूध नहीं दिया। किंतु बात दूसरी ही थी और थी भीषण-मारात्मक! रात में गाँव के भैंसवारों ने उनके तीनों खेतों की फसल को चराकर साफ कर दिया।

अगम जी दौड़कर खेत पर गये। वे रोना चाहते थे किंतु रो भी नहीं सके। गाँव वालों को कोई अचरज नहीं हुआ। और न किसी ने इस अन्याय के लिए किसी से कुछ कहा। बल्कि, ठहराने वालों ने अगम जी को इसके लिए 'दोषी' ठहराया।...खेत में फसल लगाकर—बेसुध होकर घर में सोने से खेती चरेगी ही।

अगम जी ने अपने सहायक की ओर देखा। बिलोमंगल ने कहा—"बाबू साहेब! असल में बात यह है कि 'जिसका काम उसी को साजे, और करे तो डंडा बाजे।' आप ठहरे 'कागद-कलम' वाले आदमी। अगर खेती करना हो तो यहाँ के लोग जैसा करते हैं, जो करते हैं, वह आपको भी करना होगा।...यहाँ 'अकल' से बढ़कर भैंस है। और,

क्यों न हो? भैंस का दूध मीठा है। बहुत ताकतवर होता है। और जब ताकत होगा, तो लाठी भी मजबूत होगी। जब लाठी मजबूत होगी, तब दूसरे का भैंस भी आप हाँककर अपने बथान पर ला सकते हैं...और, भैंस तो 'जीप' गाड़ी से भी बढ़कर होती है। रात-बेरात जब जी में आवे, इस पर सवार होकर आप 'बिजूबन-बीजूखण्ड' में भी जा सकते हैं। न साँप बिच्छू का डर, न भूत-पिशाच का कोई भय और न बाघ-भालू। कीचड़, पानी, कादों ओसे, पल्ली—सबसे बचाकर, खेत की हर मेंड़ पर ले जाएगी और कोई सवारी? सोचिए जरा।"

अगमलाल जी ने सोचकर देखा—और बिलोमंगल को मान गये। इसलिए गाँव के कई तथाकथित शुभचिंतकों ने एकांत में आकर अब अमुक-अमुक व्यक्तियों के चरवाहों पर मुकदमा दायर कर देने की गुप्त सलाह दी, तो उन्होंने इनकार कर दिया—कौन देगा उसकी गवाही? चश्मदीद गवाह कहाँ मिलेंगे? नहीं-नहीं। उन्होंने जो करना है, उसका फैसला कर लिया है।

अगमलाल जी ने विचार कर देखा—अभी 'मेला-तमाशा' शुरू होने वाला है। तीन महीने तक 'प्रेस' में खूब 'ओवरटाइम' काम रहता है। उसके बाद ही शुरू हो जाएगा—एलेक्शन का काम। वोटर-लिस्ट छपाई के दिनों दस-पंद्रह रुपये रोज 'ऊपरी-आमदनी' हो जाती है...फिर खेती के नये अनुभवों के आधार पर वह 'गेहूँ की सफल खेती' से भी अच्छी पुस्तिका लिख ले सकता है।...इन पैसों को जमा करके अगम जी सबसे पहले एक गुजराती भैंस खरीदेंगे—धर्मगंज के मेले में। इसके बाद, गंगा जी के मेले से वनबाँस की मजबूत लाठी खरीद लावेंगे। तब कलम को छोड़कर लाठी गहेंगे और भैंस चरावेंगे, दूध पीएँगे, डण्ड पेलेंगे...लाठी को तेल नहीं...घी पिलाकर लाल बना लेंगे और तब खेती करने के लिए खेत पर उतरेंगे!...अभी शहर लौट जाना ही श्रेयस्कर है।

गाँव छोड़कर पुनः शहर की ओर आने के दिन बिलोमंगल जी ने उनकी यात्रा को 'शुभ' करने के लिए कहा..."बाबू साहेब! आपने हमको सालभर के लिए बहाल किया था। अब आप बीच में ही हमको छोड़कर जा रहे हैं! क्या यही 'इन्साफ' है?...खैर, आपकी जो मरजी। मगर मेरी एक अरजी है कि आप हमको भी अपने साथ ले चलिए। वहाँ जब आपको काम मिल गया है, तो मेरा भी कहीं-न-कहीं 'डौल' लग जाएगा।...और कुछ नहीं तो आपके दुश्मनों की 'यात्रा' तो रोज खराब कर ही सकता हूँ। कहावत है कि काना आदमी सेवक रहे तो मालिक की यात्रा को शुभ और मालिक के दुश्मनों की यात्रा अशुभ करता है। वैसे आपकी मरजी!"

अगम जी बिलोमंगल जी के साथ आज ही सुबह की गाड़ी से शहर वापस चले गये।

ना जाने केहि वेष में...

उस दिन अखबार में अपने दैनिक राशिफल में देखा—आदि से अंत तक हर जगह 'शुभ' और 'लाभ' ही लिखा हुआ था। यात्रा : शुभ, अमृत-योग, धनागम, राज्य-सम्मान तथा मित्र-लाभ।

पता नहीं, चार दिन के बाद राशिफल में कौन-सा 'फल' हो, इसलिए जहाँ चार दिन के बाद जाना है, वहाँ आज ही चल देना लाभदायक समझा और बोरिया-बिस्तर लपेटकर निकल पड़ा।

ट्रेन में बैठते ही राशिफल के सभी लुभावने फल मेरी आँखों के आगे आकर लटक गये—यात्रा शुभ, धनागम, राज्य-सम्मान तथा मित्र-लाभ। रह-रहकर मन में गुदगुदी लगने लगी। लगा, पॉकेट में पड़े दुबले-पतले पर्स में पैसे खुद-ब-खुद दुगने हो रहे हैं। सामने बैठे खादीधारी सज्जन किसी मिनिस्टर के निकट संबंधी-से लगने लगे और हर स्टेशन पर कंपार्टमेंट में हड़बड़ाकर घुसते हुए व्यक्तियों के चेहरों पर मित्रता के लक्षण दीखने लगे। किंतु, डेढ़ घंटे तक कुछ नहीं हुआ, यानी कोई 'लाभ' नहीं हुआ; कुछ भी नहीं फला। मन को भरोसा दिया—अभी तो दस-ग्यारह घंटे बाकी हैं। जब 'योग' इतना जोरदार है तो कभी-न-कभी, कहीं-न-कहीं, कोई-न-कोई फल अवश्य फलेगा।

कुछ ही देर बाद गाड़ी कटिहार-जंक्शन स्टेशन पर पहुँची, जहाँ चारों ओर की गाड़ियाँ आती हैं, जाती हैं। धड़कते हुए दिल से हर तरफ निगाह दौड़ाने लगा। दोनों ओर की खिड़कियों को खोल दिया, ताकि 'धन' या 'सम्मान' या 'मित्र' के आगमन में कोई बाधा न पहुँचे। पर दस-पंद्रह मिनट यों ही यानी निष्फल ही निकल गये। जब गाड़ी खुलने का समय हुआ तो जी छोटा होने लगा। इतने में खिड़की से झाँकता हुआ एक अपरिचित मुखड़ा मुझे देखते ही प्रफुल्लित हो उठा। पान से लबालब भरे मुँह से 'अहा' शब्द पान की पीक के साथ अनाय़ास ही छलक पड़ा। और चलती हुई गाड़ी में दौड़कर फुर्ती से वे चढ़ गये। डब्बे में घुसते ही दोनों भुजाओं को पसारकर बोले, "अहो भाग्य! कहिए! कुशल-क्षेम ठीक है न! अहा...धन्य है!"

टाट की झोली को ऊपर वाले बर्थ पर रखकर वे मेरे पास आकर बैठ गये, और

पुनः पुनः अपने-आप पुलकित होने लगे—"प्रसन्न तो हैं न? कहिए, इधर नया क्या-क्या लिखा?...कल ही आपके बारे में...कल क्यों, आज ही सुबह 'कचनारजी' से आपके बारे में घंटों बातें हो रही थीं। और संयोग देखिए कि आपके दर्शन...हें-हें... जाको जा पर सत्य सनेहू, सो तेहि मिलहि न कछु संदेहु,...पान खाते हैं न?" कहकर उन्होंने अपनी झोली उतारी।

यों उनकी झोली पर एक प्रसिद्ध आयुर्वेद-भवन प्राइवेट लिमिटेड की बलवर्द्धक औषधि का नाम 'ट्रेडमार्क' सहित अंकित था, किंतु अंदर रंगीन लुंगी, सफेद पाजामा और गंदे तौलिए में लिपटा पान का डब्बा था। यों उनका पान का डब्बा भी 'एफार मेंटल' का डब्बा था और जर्दे की डिब्बी विटामिन 'बी' की गोलियों की शीशी थी। वह पान लगाने लगे और मैं उन्हें और उनके 'कचनारजी' को याद करने की असफल चेष्टा करता रहा...नहीं, इससे पहले न कभी इनके दर्शन हुए और न कभी कचनारजी का नाम सुना।...मुझे राशिफल की याद आयी—ना जाने केहि वेष में नारायण अर्थात् मित्र-लाभ हो जाए। इसलिए चुप रहा।

मुझे पान देते हुए वह बोले, "कचनारजी कह रहे थे कि आपने कोई महाकाव्य लिखना शुरू किया है। क्या नाम है?...अँय? शुरू नहीं किया?...देखिए, देर मत कीजिए।"

वह मुँह में पान डालकर, जर्दा फाँककर और चूना चाटकर जुगाली करने लगे तो मुझे फिर थोड़ा-सा अवसर मिला। मैंने लक्ष्य किया, कंपार्टमेंट के अन्य यात्रियों पर भी उनके आगमन और संभाषण की तीव्र प्रतिक्रिया हुई है। बंगालिन 'मायजी' और उनके 'कत्ता' उनकी ओर बार-बार एक साथ देखते हैं और उनकी बेटी रह-रहकर हँस पड़ती है; ऊपर के बर्थ पर लेटे हुए सज्जन लगातार सिगरेट फूँकने लगे हैं। सामने बैठे मौलवी साहब की आँखें गोल हो गयी हैं।

वह खिड़की से बाहर पीक थूकने लगे तो मैंने समझ लिया, अब फिर कचनारजी की कोई बात उन्हें याद होगी। उन्होंने मुझसे पूछा, "जानते हैं?" और उत्तर की प्रतीक्षा में ओठों पर लाल मुस्कराहट बिछाकर मेरी ओर देखने लगे।

मैं कुछ भी नहीं समझ सका कि मैं क्या जानता और क्या नहीं जानता हूँ। मुँह से निकला, "जी नहीं।"

बोले, "कचनारजी ने एक 'लघू उपनियाँस' लिखा है। जानियेगा कैसे? कल ही, नहीं-नहीं, तीन दिन पहले लिखकर समाप्त किया है—दो ही रातों में। नाम क्या रखा है, जानते हैं?...हें-हें, सुनियेगा? नाम रखा है 'अबोली'...हें-हें, है न बढ़िया नाम?"

मैंने गरदन हिलाकर छोटा-सा 'हूँ' कहा कि वे तड़प उठे—"आपको पसंद आया

नाम? सचमुच? रहिए, मैं आज ही उनको लिख देता हूँ। और 'उपनियाँस' की 'प्लौटिंग' जानते हैं? एकदम अनूठी! समझ लीजिए कि एक ऐसी लड़की है जो कुछ बोलती नहीं एक शब्द भी नहीं, फिर भी सब-कुछ बोलती है। मगर...ठहरिए, मैं इत्मीनान से आपको कहानी की 'प्लौटिंग' और 'कम्पलेक्स' सुनाऊँगा। जरा अगले स्टेशन पर एक आदमी को देखना है।"

मैंने साहस बटोरकर कहा, "आप कहाँ तक चल रहे हैं?"

बोले, "जाना तो था भागलपुर, मगर अब आप मिल गये तो पटना ही चला चलूँगा। ऐसा मौका बार-बार थोड़े हाथ आता है किसी के? यह तो नदी-नाव का संयोग समझिए...।"

बात को अधूरी रख वह मौलवी साहब की किसी परीशानी को दूर करने लगे। मौलवी साहब जानना चाहते थे कि यह गाड़ी मुजफ्फरपुर होकर जाएगी या नहीं?

"नहीं, आपको बरौनी उतरना पड़ेगा।" इतना कहने के बाद उन्होंने बड़ी चतुराई से जान लिया कि किस यात्री को कहाँ जाना है और कहाँ से आ रहे हैं। फिर रेलवे स्टेशन पर सूचना देने वाले लाउडस्पीकर की तरह यानी उसी तर्ज पर बजने लगे—"मूंगेर जाने वाले यात्रियों को मानसी स्टेशन पर उतरना पड़ेगा। जो लोग समस्तीपुर जा रहे हैं उन्हें मेल से जाना चाहिए। छपरा स्टेशन पर गाड़ी पंद्रह मिनट रुकती है। यह गाड़ी कल ठीक दो बजे नारस कैंट स्टेशन पर पहुँच जाएगी।"

इस व्यक्ति की 'घुलन-शक्ति' को देखकर मैं दंग रह गया। ऐसे ही आदमी को शायद 'टमाटर-टाइप' का व्यक्ति कहते हैं—आलू, मटर, सेम, गोभी, मछली, मांस जिसमें जी चाहे मिला दीजिए, रंग और स्वाद दोनों चोखा। मैं जानता था कि 'सूचना'-समाप्ति के बाद इन्हें फिर कचनारजी तथा उनकी 'अबोली' की याद आयेगी और तब इत्मीनान से मुझे कहानी की 'प्लौटिंग...।'

अगला स्टेशन आया और वह खिड़की से गरदन निकालकर 'एक आदमी' को ढूँढ़ने लगे। गाड़ी खुली तो बोले, "नहीं आया। अभागा है। सोचा था, मिल जाएगा तो आपसे मिला दूँगा। चलिए...।"

वह बर्थ पर अब 'अर्धासन' लगाकर, यानी एक पैर को मोड़कर, दूसरे को लटका कर, बैठ गये। फिर धोती को घुटने तक सरकाकर जाँघ पर इस तरह उँगलियाँ फेरने लगे मानो सितार के तार मिला रहे हों। मैंने समझ लिया, अब इनको इत्मीनान हो गया। किंतु उनकी इस हरकत को देखकर बंगालिन मायजी ने अपनी पुत्री से कुछ कहा और मुँह फेरकर बैठ गयी। मायजी के 'कत्ता' ने भद्र या अभद्र, सभ्य या 'ओसोव्वो' किसी शब्द का उच्चारण करके मुँह को संकुचित किया। ऊपर बर्थ पर लेटे

सज्जन ने सिगरेट सुलगाते हुए कहा, 'टेर्रिबल!' तब उनको हठात् किसी बात की याद आयी। सामने बैठे हुए मौलवी साहब से पूछा, "आप लोग इन्हें नहीं पहचानते? इनसे परिचय नहीं?"

'इन्हें' कहकर उन्होंने मेरी ओर इशारा किया। मौलवी साहब ने तस्बीह पर उँगलियाँ फेरते हुए नकारात्मक ढंग से गरदन हिलाई तो इन्होंने बंगाली बाबू से यही सवाल किया। और हर बार एक ही जवाब सुनकर उनके चेहरे पर अचरज की रोशनी और कंठनली में ताज्जुब-भरी आवाज बढ़ती गयी। जब ऊपर बर्थ वाले सज्जन ने भी 'नहीं' कह दिया तो उनके मुँह से एक चीख-सी निकल पड़ी—"हद है, हद है!"

मैं उन्हें कचनारजी की 'अबोली' की याद दिलाकर अपनी ओर मुखातिब करना चाहता था। किंतु उनके सिर पर तो अचरज और दुख का पहाड़ गिर चुका था। बोले, "हद है! यानी आप लोगों को यह भी नहीं मालूम कि आपके साथ कितना बड़ा कवि यात्रा कर रहा है? धन्य हैं आप लोग और धन्य है हमारा यह भारत देश!"

इस बार उन्होंने मेरी ओर देखा तो मुझे मौका मिला। मैंने कहा, "आप क्यों नाहक इस तरह परीशान...।"

"नाहक परीशान?" उन्होंने कहा, "अरे, इतने बड़े कवि के साथ लोग बगैर जान-पहचान के मुफ्त में सफर करें और...।"

बंगालिन मायजी के 'कत्ता' महाशय ने कुढ़कर कहा, "आपका बड़ा-कोबी को जामा पर एक नेमप्लेट लिखकर टाँगाय लेने को बोलिए ना?"

किंतु मौलवी साहब ने शराफत से पूछा, "इनकी तारीफ?"

"अजी साहब! तारीफ तो इनकी कविता सुनने के बाद आप खुद कीजिएगा। पहचान लीजिए...देख लीजिए ए साहब...आप ही हैं प्रसिद्ध कवि श्री निर्झरणीजी, 'परिपालन' के लेखक...।"

यहाँ पर मैंने अपने तथा अपनी किताब के बिगड़े हुए नामों को सुधारने की चेष्टा की—"जी, निर्झरणी नहीं, मेरा नाम निर्झर है और किताब का नाम है, परिप्लावन...।"

उन्होंने मुझे बीच में ही काटते हुए कहा, "एक ही बात है। आप कृपया चुप रहिए।...तो सुनिये साहब! इनकी कविता सुनियेगा तो आपका हृदय विगलित हो जाएगा। इनकी किताब पढ़िएगा तो आपका कलेजा मुँह में आ जाएगा। समझे?"

बंगालिन मायजी बोली, "तबे थाक बाबा। काज नेई एरकम कोविता सुने।"

किंतु डेली-पैसेन्जरी करने वाले यात्री, दो-चार स्टेशन तक खड़े-खड़े सफर करने वाले नौजवानों ने फरमाइश शुरू कर दी—"तो हो जाए एकाध कविता।...हम अपना हृदय विगलित करवाने को सहर्ष तैयार हैं।"

ऊपर वाले बर्थ पर सोए हुए सज्जन दक्षिण भारतीय थे। अतः उन्होंने मुझसे मेरी किताब के नाम का मतलब अंग्रेजी में पूछा। और यही बात एक झटके के साथ दूसरी ओर मुड़ गयी। मेरे मेहरबान ने घनघोर विरोध के स्वर में कहा. "आप भी साहब खूब हैं! यह अपमान...!"

मैं कुछ कहूँ, इसके पहले ही कंपार्टमेंट में भाषा और प्रांत और जाति और सभ्यता तथा संस्कृति के नाम पर एक 'खंडयुद्ध' की तैयारी शुरू हो गयी। यदि बंगालिन मायजी बीच में नहीं पड़तीं तो अंततः किसी का सिर 'अखंड' नहीं बचता। उन्होंने अपने 'कत्ता' महोदय को समझाया—"मिछे-मिछे झगड़ा कोरे की लाभ? तुमी चुप थाको।" फिर मेरे मित्र से बोली, "बाबा, जेतना भाषा है...सोब भालो भाषा है। आसल चीज है—भालोबासा। लेड़ाई-झगड़ा करने से...।"

मेरे मित्र महोदय शायद 'भालोबासा' का मतलब समझते थे, इसलिए तुरत ठंडा हो गये। अब उनकी बोली बदल गयी—"माताजी! हामी भालोबासा का माने खूब भालो बूझी। बांगला-भाषा मधु से भी जास्ती मिस्टी आछे, किंतु...।"

किंतु गाड़ी एक-दूसरे जंक्शन-स्टेशन पर आकर लगी और बंगालिन मायजी अपने 'कत्ता' और पुत्री के साथ उतर गयीं—"ए कंपार्टमेंटे थाका निरापद नेई।"

डब्बे में नये यात्री आये और मेरे मित्र ने उन्हें मेरी ओर दिखलाकर पूछा, "आप पहचानते हैं?...नहीं?...पहचान लीजिए, आप ही हैं...।"

मैंने उन्हें बुलाकर नाराज होते हुए कहा, "आपने यह क्या शुरू किया है?"

उन्होंने हाथ जोड़कर नम्रतापूर्वक कहा, "मैं अपना कर्तव्य-पालन कर रहा हूँ। आपकी नहीं, अपने साहित्य की सेवा कर रहा हूँ। आप कृपया चुप रहें। अच्छा, भोजन कीजिएगा तो? यहाँ भोजन बढ़िया देता है।"

मैं मना करता रहा। वह लपककर गये और दो थाल का ऑर्डर दे आये। भोजन करते समय उन्हें फिर कचनारजी की याद आयी। मुँह का कौर चबाते हुए बोले, "कचनारजी कह रहे थे कि 'परिपालन' का यदि अंग्रेजी में 'टंसलेसन' हो जाए तो तुरत 'नौभेल पुरस्कार' मिल सकता है। तो क्यों नहीं करवा लेते हैं? अब तो 'स्वदेसी नौभेल प्राइज' भी मिलने लगा है, लोगों को!"

जब बैरा बिल लेकर आया, वह पान लाने के लिए प्लेटफार्म पर चले गये थे। थोड़ी देर के बाद साथ में एक कंडक्टर गार्ड और पैसेंजर गाइड को लेकर लौटे और दरवाजे के पास से ही मेरी ओर उँगली दिखलाकर कहने लगे, "देखिए, कोई कह सकता है कि यही 'परिपालन' के प्रसिद्ध कवि श्री निर्झरणी जी हैं! ऐसे ही लोगों को देखकर किसी शायर ने कहा होगा कि 'इस सादगी पर कौन ना मर जाए ए खुदा...।' है कि नहीं?"

हालाँकि, साँझ के साढ़े सात ही बजे थे, किंतु इनसे पिंड छुड़ाने का मुझे एक ही उपाय सूझा। मैं लंबी तान सो गया। अब वे कंपार्टमेंट के हर व्यक्ति को जोर से खाँसने और हँसने और बोलने से मना करने लगे—"सिः सिः! जोर से मत बोलिए। जानते नहीं, यह कौन सोए हैं? नहीं 'मालूम'? अजी, यही हैं...।"

मेरे जी में अब बार-बार एक विचार जोर पकड़ने लगा कि उठकर उन्हें अंग्रेजी में अच्छी तरह डाँटकर झगड़ा मोल ले लूँ। किंतु तुरंत खयाल हुआ कि तब चुप रहने के बदले वह हर स्टेशन पर 'मुर्दाबाद-जिंदाबाद' के नारे लगाकर भीड़ जमा करने लगेंगे।

आखिर गलत परिचय और झूठी तारीफ करते-करते जब वह थक गये, तो ऊपर वाले बर्थ पर जाकर सोने की तैयारी करने लगे। मौलवी साहब ने अपने लड़के को हिदायत दी—"म्याँ, जूते सिरहाने में रखकर सोओ।"

जब मेरे मित्र की नाक बजने लगी तो मैं उठ बैठा। बंगालिन मायजी से मुझे एक प्रेरणा मिली थी। तय किया कि बरौनी जंक्शन स्टेशन पर चुपके से उतर जाऊँगा। फिर सुबह किसी गाड़ी से पटना...। गाड़ी बरौनी पहुँची। (उन दिनों राजेन्द्र पुल नहीं बना था।) मैं चुपचाप अपना बिस्तर और बैग लेकर गाड़ी से उतर पड़ा। उतरते समय मेरा कलेजा धड़क रहा था कि यदि इनकी नींद टूट गयी तो फिर खैर नहीं। जब गाड़ी चल पड़ी तो मेरी अवस्था सहज हुई। वेटिंग-रूम के एक कोने में बिस्तर बिछाकर लेटा तो महसूस किया कि अब जाकर दिल और दिमाग सही-सही काम कर रहे हैं।

कोई मधुर-मनोहर-सा सपना देख रहा था कि किसी ने झकझोरकर मुझे जगा दिया। आँखें खोलकर देखा : सुबह की सुनहली धूप के साथ ताम्बूल-रंजित दंत-पंक्तियों से छनकर आती हुई मेरे मित्र की मुस्कराहट चारों ओर बिछी हुई है। मैं आँखें मलने लगा, शायद सपना हो। मगर फिर आँखों को खोलकर देखा—नहीं, सपना नहीं। यह वही अपना...।

वह ठठाकर हँस पड़े—"हें-हें! आप भी खूब हैं! बरौनी को सोनपुर समझकर उतर गये? है न? उधर सोनपुर में मेरी आँख खुली तो मद्रासी ने कहा—आपका ग्रेट-पोयट तो उधर में ही उतर गया। सो लौटती गाड़ी से आ गया कि आपको कहीं कोई कष्ट न हो।"

मैं हड़बड़ाकर उठा। बिस्तर समेटकर बगल में दबाया और वेटिंग रूम के बाहर भागा। सामने खड़ी गाड़ी सीटी देकर खुल चुकी थी। जो डब्बा सामने मिला, उसी में सवार हो गया। किंतु मेरे मित्र चलती गाड़ी पर सवार होने में मुझसे ज्यादा माहिर थे। वे बोले, "मगर यह गाड़ी तो उधर ही जा रही है, जिधर से हम आये हैं।"

मैंने कुढ़कर कहा, "जी हाँ, उधर ही जाना है।"

"क्या? पटना नहीं जाइएगा? हें-हें...मैं समझ गया। कवियों के मूड का क्या ठिकाना, जब-जिधर जी चाहा, चल दिए। है न?"

मैंने कहा, "जी हाँ। मगर आप तो महाकवि मालूम पड़ते हैं।"

वह दाँत निपोड़कर बोले, "आखिर एक दिन और एक रात के बाद ही सही, आपने मुझे सही-सही पहचाना तो। हें-हें...यदि महाकाव्य लिखने वाले को महाकवि कहते हैं...तो मैंने हाल ही एक महाकाव्य लिखकर समाप्त किया है।"

मैं अवाक् होकर उनकी ओर देखने लगा तो वे तनिक दुख और नाराजगी जाहिर करते हुए रुआँसी आवाज में बोले, "मैं कल से ही आपकी प्रशंसा करता रहा, सभी अपरिचितों को आपका परिचय देता रहा। किंतु आपने एक बार भी मुझसे मेरा परिचय तक नहीं पूछा!"

टाट की झोली से उन्होंने एक मोटी कापी निकाली—"यह रहा मेरा महाकाव्य। यों इसे कचनारजी को समर्पित करना चाहता था, किंतु वह तो 'उपनियाँस-लेखक' हैं, सो भी लघु-उपनियाँस-लेखक...अब आप मिल गये हैं तो यह आपके ही कर-कमलों में सादर...।"

मैंने कापी अर्थात् उनके महाकाव्य को हाथ में लेकर देखा। मोटे अक्षरों में लिखा हुआ था—गुनगुनायन...एक बेतुकांत महाकाव्य...रचीता—श्री भैरों प्रसाद 'भौंरा'।

उन्होंने मेरे हाथ से कापी लेकर मौखिक भूमिका शुरू की—"यों देखने में तो यह बेतुकांत छंद में बद्ध रचना-सी लगती है...एक सर्वथा नवीन प्रयोग, कि हर शब्द पर यानी हर अक्षर पर अनुस्वार लगाया गया है। किंतु काव्य और छंद गुनगुनाने के लिए इससे बढ़िया और टटका प्रयोग क्या हो सकता है? सुनिये :

हँर कलीं में सों रहाँ हैं भौंरें का मँधुर गाँन—
आँज मैं जँगा रहाँ हूँ सुँप्त ताँन गुँपत गाँन
गुनगुनगुन मँधुर-मँधुर
अँमर मेरें गींत सुनों
सँमर कों हों जाँओं तैंयार देंश कें जँवान।"

मैंने देखा, महाकवि 'भौंरो' के मित्रों का दायरा काफी लांबा-चौड़ा है। टिकट-कलक्टर से लेकर डाइनिंग कार के बैरे-बावर्ची तक उनकी कविता के प्रेमी हैं। अगला स्टेशन आते-आते एक 'रनिंग-कवि-गोष्ठी' जम गयी और रास्ते-भर उनके 'गुनगुनायन' का सानुनासिक-पाठ श्रवण करता हुआ जहाँ से चला था, वहीं वापस आ गया।

लेकिन यह कैसे कहूँ कि इस यात्रा में मुझे कुछ लाभ नहीं हुआ?

तॅबे एकला चलो रे

बात शुरू होगी उसके जन्म से ही, सात साल पहले से।

यद्यपि उसने पुरुष होकर एक पर्व के दिन जन्म लिया था...पर, उसके भूमिष्ठ होने के बाद उसे देखकर लोगों के मुँह विकृत हुए, नाक संकुचित हुई; अमंगल-वचन निकले...सभी के विकृत मुँह से।

उसका जन्म भी जन्माष्टमी की रात में हुआ था, इसलिए मैंने परिवार के लोगों को सुनाकर बार-बार कहा—इसका नाम श्रीकृष्ण रख दो!

लोगों को लगा मैं जले पर नून छिड़क रहा हूँ। गँवार पत्नी मुँह बिदकाकर बोली—"ऐ-हे! ई मुआ...करकुट्टे काले का नाम होगा किसन महराज?"

सभी हँसे। मेरा प्रस्तावित नाम हँसी में उड़ गया। पत्नी का दिया फूहड़ और अपभ्रंश नाम चल गया—किसन महराज!

किसन महराज के जन्म से मैं—परिवार के अन्य सदस्यों की तरह निराश नहीं हुआ था। घोर श्यामवर्ण, घुँघराले बालोंवाला शिशु। कितना प्यारा! चः-चः!! और, दूसरी ओर उसकी छठी के पहले से ही लोगों ने भविष्यवाणी शुरू कर दी—भादों में जन्म हुआ है। कहीं आसिन में कसके झड़ी-बदरी लगी तो किसनजी दो दिन में ही द्वारिकापुरी सिधारेंगे, नंगे पाँव।...छिः-छिः! किसी बच्चे के बारे में, किसी भी शिशु के संबंध में ऐसी बातें 'राक्षसगण' वाला आदमी ही कर सकता है।

छठी की रात में परिवारवालों ने अपने 'बथान' के इतिहास पर आँसू बहाया; माँ षष्ठी से प्रार्थना की, परिवार की बड़ी-बूढ़ी ने—"जै मैया छठी! मानुस को दो बेटा, पसु को बेटी।...ले जा मैया पाड़ा, दे जा मैया पाड़ी।" ले जा; माने उठा लो, बलिदान लो। बथान में बेटा-बच्चा कभी मत दो!

आज हमारे परिवार के बथान पर मात्र दो भैंसें हैं। कोसी-कछार पर बसनेवाले बारहो-बरन के किसान, जमींदार भैंस पालते हैं। जिसके बथान पर तीन कोड़ी भैंसें न हों, उसे दरिद्र समझा जाता था—आज से दस वर्ष पूर्व तक। अब इतनी भैंसें वे ही पोसते हैं जिनका दूध-घी के सिवा और कोई कारोबार नहीं। किंतु, बथान छोटा हो या बड़ा, ग्वाले का हो अथवा किसान का, पाड़े का जन्म सभी अवस्था में मनहूस माना जाता है।

मुझे इसी बात की विशेष प्रसन्नता थी कि उसका जन्म मेरी ही दुखभरी पुकार पर हुआ था...उसकी खुराक का अधिकांशी क्षीर मुझे ही मिलेगा; दही, जिसकी दुर्दिन में इस दुर्बल शरीर के लिए बहुत बड़ी आवश्यकता थी। दूध-दही हमारे गाँव में भी दुर्लभ पदार्थ हो चुका है और बैदजी ने केले की रोटी के साथ सिर्फ दही खाने को कहा है। दही नहीं मिले, मट्ठा से काम चल सकता है। किंतु खबरदार! न एक 'रावा' नमक का, न एक दाना चीनी का...।

...मुझे ऐसा लगा था, मेरे कष्ट को दूर करने के लिए ही उसने ठीक समय पर जन्म ग्रहण किया है। अब इस माटी की काया में—जो सभी तीर्थों से बढ़कर है—फिर से जान आयेगी। अब धर्म बच जायेगा! आसिन की झड़ी-बदरी अथवा माँ षष्ठी उसे उठा भी ले, मेरे 'दधि-कदली-कल्प' में कोई बाधा नहीं पड़ेगी।...ऊँयें! किसन महराज बथान पर बोले।

गाँव में उन दिनों अकेला मैं ही ऐसा मर्द-पुरुष था जो दिन-भर अपनी खाट पर लेटा टुकुर-टुकुर देखता रहता। भदई-फसल कटनी के दिन थे, लोग खेतों में ही रहते थे दिन-भर। उधर, बथान पर किसन महराज को छोड़कर दूसरा बेटा-बच्चा नहीं। उसकी माँ-मौसी भी खेतों में ही रहतीं।

किसन महराज को कौए तंग करते, मुझे मक्खियाँ!...बेचारा शुभ दिन में धरती पर आया और जन्म से ही अपमान और लांछना सह रहा है! पाड़ी होती तो गले में कौड़ियों की माला के साथ एक टुनटुनी भी पड़ी होती। कोई आँख के कीचड़ पोंछ जाती, हवेली से बाहर निकलकर! कोई बड़ी जतन से दूध में जड़ी घिसकर पिलाती पुचकारकर। घर की बड़ी-बूढ़ी सदा तीर-धनुष लेकर बथान को अगोरती। उड़नेवाले हर परेवा-पंछी को कौआ समझकर हाँकती—हा-स्-स!

...उ-यें-ऐं-ऐं! किसन महराज ने दुखी होकर पुकारा।

याद है, खड़ाऊ पहनकर कीचड़-गोबर की गिलगिली ढेरी को पार करके मैं बथान पर गया। अचरज से वह मेरी ओर तकता रह गया था—कुछ देर तक। मैंने पूछा था—क्या है महराज? कौए तंग कर रहे हैं?

वह उठ खड़ा हुआ। मैंने उसके घुँघराले बालों को सहलाना शुरू किया। देखा, कई कुकुरमाछियों ने कान के पास अड्डा बना लिया है। एक जोंक न जाने कब से खून पीकर गोल हो गयी थी।

उसे सूखी जमीन पर ले आया। उसका डगमग करके चलना ठुमकि-ठुमकि प्रभु चलहि पराई!

घाव पर चूना लगा दिया। आँख के कीचड़ को झिंगुनी के पत्ते से पोंछा। कीचड़ ही नहीं, उसकी आँखों से आँसू भी चू रहे थे।

अपने चौपाल के पास, ठीक अपनी खाट के सामने खूँटे से उसे बाँध दिया। स्थान-परिवर्तन से अथवा मेरा साहचर्य पाकर वह प्रसन्न हुआ था, रह-रहकर नाचने की चेष्टा करता।

उस दिन मैंने उसके संबंध में बहुत देर तक सोचा था। आसिन की जानलेवा झपसी से उबर भी जाये, पुरुष होने का पाप जीवन-भर भोगना पड़ेगा। तीन-चार साल के बाद ही किसी मेले में बेच दिया जायेगा। पूरब मुलुक से आये हुए व्यापारियों के दल का कोई 'लबाना' (पाड़ा खरीदनेवाला) इसके पुट्ठे पर हाथ रखकर परीक्षा करेगा—अभी तो एकदम बच्चा है। हल में लगने के काबिल नहीं लेबोना, एटा लेबोना।

शायद, हर बात में 'लेबोना, लेबोना' सुनकर ही लोगों ने इन व्यापारियों को 'लबाना' कहना शुरू किया।...लेबोना, लबाना!

उसी दिन किसन महराज से मैंने अपनी भी तुलना की थी—बेकाम का आदमी, बीमार आदमी, परिवार का बोझ। किसन महराज को बेचकर परिवारवालों को साठ-सत्तर रुपये प्राप्त हो जायँगे। मुझे मुफ्त में भी नहीं लेगा कोई।...पेट का रोगी चिड़चिड़ा क्यों हो जाता है, यह मैं जानता हूँ।

शाम होने के पहले ही परिवार का सर्वकनिष्ठ सदस्य पाठशाला से बही-बस्ता लटकाकर लौटा और अचरज से ठिठककर हमें देखने लगा। मैंने झिड़की दी थी—इस तरह उल्लू की तरह आँखें गोल कर क्या देखता है?

उसे दिखलाकर मैंने पाड़े के मुँह के पास अपना मुँह लाकर चुचकार दिया—चुः चुः!! ईर्ष्या अथवा आश्चर्य के मारे आदमी के उस पिद्दी बच्चे ने मेरी ओर घृणा-भरी दृष्टि से देखा। फिर धरती पर थूकता हुआ आँगन की ओर भागा—"राम! राम!! तोबा, तोबा! बाबूती निधिन डोल भेल—पाड़ा'क थुथनी में चुम्मा लेल...।"

अपनी हँसी को ओठों से समेटती-सिकोड़ती मेरी गँवारिन फिर आयी—"ऐ-ऐ! किसन महराज तो आज दालान पर बँधे हैं।"

"बँधे हैं माने? आज से यह यहीं बँधेगा। इसी जगह।"

"मालूम है, दूध-पीते पाड़ा का गोबर ठीक...ही-ही-ही-ही!"

पेचिश से पीड़ित व्यक्ति की पत्नी को इस तरह दाँत निपोड़कर नहीं हँसना चाहिए—कौन समझाए।

"और तुम्हारे बच्चे तो मलयागिर चंदन ही गोबर करते हैं!"

उसकी हँसी और भी जहरीली हो गयी। जाते-जाते चोट कर गयी—"इह! वही जो कहा है न कि दुबला काहे तो 'टिड़िस' के मारे। मैं समझती हूँ—यह रीस। इनके

सामने न हाथ से गिरे नून, न पात से गिरे चून! सो, रीस कीजिए चाहे खीस, गुस्साइए या पगलाइए। बैदजी ने कहा है, चाय की एक बूँद नहीं।"

"बैदजी ने मीठी बोली सुनाना भी मना किया है, शायद...मीठी बोली एक बूँद नहीं...हुँ!"

शाम तक सभी लोग खेत-खलिहान, पानी-मैदान से वापस आये। प्रत्येक व्यक्ति ने पाड़े को पलानी में बँधा देखकर अचरज प्रकट किया, विरोध किया। इधर मेरे मन में गाँठ-पर-गाँठ पड़ती गयी—वज्र गाँठ।...पाड़ा यहीं बँधेगा।

थोड़ी देर के बाद ही बथान की महिषी आयी। हुँकरती-डिकरती बथान पर गयी—पाड़ा कहाँ-आँ-आँ? किसन महराज ने पलानी से जवाब दिया—मैं यहाँ-आँ-आँ!

पाड़े की माँ को सबसे अधिक अचरज हुआ था!

आज विस्तारपूर्वक उसके संबंध में कहने का अवसर है। सात साल के युवक किसन महराज के कृत्यों के लिए मुझे अपराधी प्रमाणित करने की चेष्टा की जा रही है। मुझसे जवाब तलब किया गया है...।

जानता हूँ, कचहरी में ऐसे बयान आजादी की लड़ाई के दिनों क्रांतिकारी लोग ही देते थे, जिन्हें तत्कालीन हाकिम न पढ़ते थे, न सुनते थे। किंतु, आपके संबंध में मशहूर हो चुका है कि आप किसी भी मुकदमे की राई-रत्ती तक पढ़ते हैं, सुनते हैं। इसलिए, साहस करके इतना लंबा-चौड़ा बयान तैयार किया है।

तो यह हुई किसन महराज के बचपन की कहानी!

संक्षेप में कहने पर भी इतना कहना आवश्यक है कि दिन-रात मेरे साथ रहने के कारण वह मेरी हर बात को समझने लगा, और मैं हो गया उसकी भाषा का पंडित।

आसिन में आठ दिनों तक झपसी लदी रही, उस बार! पाड़ा दिन-भर कूदता-फलाँगता रहा, आठों दिन। उसकी कृपा से मेरे असाध्य रोग में आशातीत सुधार हुआ। दही खाने से चिड़चिड़ापन भी दूर हो जाता है।

बैदजी ने सुबह-शाम अगहनी धान के खेतों के आसपास टहलने की सलाह लिख भेजी। कहना नहीं होगा, पाड़ा भी मेरे साथ वायु-सेवन करने जाता—नित्य। एहि भाँति...बालकांड समाप्त।

पेट का रोग दूर हुआ, किंतु पेट की चिंता बढ़ गयी।

जिस दिन गाँव छोड़कर शहर जा रहा था, पाड़ा बैलगाड़ी के पीछे बहुत दूर तक आया था।..."जा किसन, लौट जा अब!" मेरी बोली कंठ में अटक गयी थी।

मेरी अनुपस्थिति में पाड़े को कोई कष्ट न हो, परिवारवाले उसे बेच न दें—पत्नी को प्रत्येक पत्र में याद दिलाता। जब परिवार के एक सदस्य ने जिद पकड़ ली तो मेरी पत्नी ने लिखवाया—"कन्हाई बाबू दिन-रात पाड़े की ही बात करते हैं। कहते हैं, लोगों

की फसल 'नुकसान' करता है। कौन दिन-रात उलहना सुने! बोल रहे थे कि गाँव का ही मकदूम मियाँ नब्बे रुपया दे रहा है। मैं कहती हूँ, भेज दीजिए कन्हाई बाबू को उनका हिस्सा पैंतालीस रुपया। कलेजा फटा जा रहा है उनका...।"

रुपये नहीं भेजे। चार दिन की छुट्टी लेकर गाँव आया। गाँव पहुँचकर देखा, जो सोचा था ठीक वही हुआ। पाड़ा बेच दिया गया है।

मकदूम मियाँ के बथान पर मोटी रस्सी में जकड़े हुए किसन महराज को देखकर मेरा रोम-रोम कलपने लगा। उसको बस में लाने के लिए मकदूम ने उसे बेरहमी से पीटा था। सारी देह में साटी के दाग...लंबे-लंबे पड़े थे।

एक सौ दस रुपये नकद लेकर मकदूम ने पाड़ा छोड़ा।

उसी बार, गाँव के पाँच पंचों के बीच कह आया—"यह पाड़ा आज से सबका हुआ—गाँव का, इलाके का।"

उस बार, चार दिन तक पाड़े से ही मन की बातें कीं! पत्नी बोली—"कन्हाई बाबू ने रुपये गिनकर मकदूम के हाथ में पाड़े की रस्सी थमा दी, लेकिन पाड़ा रस्सी तुड़ाकर आँगन भाग आया, मेरे पास। मैं रसोईघर में थी। वहाँ पहुँचकर डिकरने लगा।...एह! आँख से लोर झहर-झहर झर रहे थे...आँचल में छिपने की कोशिश कर रहा हो, मानो।"

इसके बाद की कहानियाँ मैंने भी सुनी हैं।

जब-जब गाँव आया, एक-न-एक कहानी सुनी पाड़े की। अलौकिक कहिए या असाधारण, कहते हैं पाड़े में कई विशेष गुण प्रकट हुए, क्रमशः।

सूधा तो वह ऐसा निकला कि गाँव-भर के बच्चे उसकी पीठ पर सवारी करते। किंतु, बड़े-बूढ़े आदत से लाचार होकर, कभी गाली देकर बात करते तो पाड़े के नथुने से फोंस-फोंस आवाज निकलने लगती।

उजड्ड रामबुहारन बिना गाली के कोई बात बोल ही नहीं सकता। एक बार उसने कहा—"सरवा पाड़ा...।" बस, सरवा सुनते ही किसन महराज पैर से खुर्री काढ़ने लगा। एक टोकरी धूल उड़ाकर रामबुहारन की आँखों में झोंक दिया।

मकदूम मियाँ के मन से लोभ-मोह दूर नहीं हुआ था, हालाँकि उस पर नजर पड़ते ही पाड़ा अगिया-बेताल हो जाता। मकदूम हमारे टोले का रास्ता ही भूल गया था, किंतु दिन-रात पाड़े के लोभ में वह तरह-तरह की बातें सोचता। उसने अपने दूर गाँव के एक यगाना से परामर्श किया। मुस्तंड मवेशी-चोर यगाना उसको बोला—"लोहे की सिकड़ी और दाँतवाले नाथ से तो शेर भी थर-थर काँपता है। और यह कमबख्त भैंस का पाड़ा?"

एक रात को वे आये, चुपचाप पाड़े की चोरी करने—मकदूम, असगर।

ऐसा लगता है, किसन महराज ने धूल उड़ाकर उन्हें सचेत करने की चेष्टा की होगी—पहले। जब असगर ने भाला फेंककर पुट्ठे पर घाव कर दिया तब उसने निरुपाय होकर सीधे हमला बोल दिया होगा। बारी-बारी से चहेटकर उसने मकदूम और असगर के हाथ-पैर तोड़े थे।

इस घटना के बाद ही उसने गाँव की चौकीदारी शुरू की होगी। वह कब से रात में पहरा देता है, किसी को नहीं मालूम। तनुकसाह के पिछवाड़े से किसी की चीख सुनायी पड़ी, एक रात। तनुकसाह के परिवारवाले जगे, किंतु साहस नहीं हुआ पिछवाड़े की ओर जाने का। चीख-पुकार क्रमशः बढ़ती गयी—'बचाइए हो गाँव के लोग...अरे बाप, मर गये।' लोग हा-हू करते दौड़े आये। देखा, तनुकसाह के पिछवाड़े में एक आदमी लहूलुहान पड़ा कराह रहा है और पास खड़ा किसन महराज रह-रहकर हुँत्था मारता है।...चोर ने ही पाड़े की कहानी बतायी। जब वह गाँव में घुस रहा था, पाड़े ने उसे अचरज से देखा था। फिर जैसे ही सेंध लगाना शुरू किया, न जाने किधर से आकर पाड़े ने उसे हुँथियाना शुरू किया।

तनुकसाह के साथ गाँववालों ने भी एक स्वर से उसे 'देवहा' पाड़ा कहकर उसकी पूजा की—सींगों में घी लगाकर, सिर पर अक्षत-दूब डालकर।...कच्चा केला उसका प्रिय फल है, मेरी पत्नी ने बताया था। इसलिए तनुकसाह ने दो दर्जन कच्चे केले खिलाये थे किसन महराज को।

लेकिन दो दर्जन केले खिलाकर उसको नीति-भ्रष्ट नहीं कर सका तनुकसाह। एक दिन सुबह उठकर तनुकसाह ने हाय-हाय कर पंचगुहार की—"पाड़े ने दो बीघे तंबाकू को रौंदकर समाप्त कर दिया। दो सौ रुपये का माल मेरा—हाय रे हाय!"

गाँव के किसी पंच ने हमदर्दी नहीं दिखलायी। बच्चे-बच्चे के मुँह से निकला—"ठीक किया है। जैसी करनी...। परसों ही बेचारे अजबलाल दास के मवेसी की कुरकी करवायी है, तनुकसाह ने। बेईमानी से तीन सौ रुपये का चिट्ठा बनाया। फिर नालिस करके चुपचाप 'डिगरी' करवा ली थी। अच्छा किया है पाड़े ने।"

दूसरे दिन भरी दोपहरी में तनुकसाह ने चिल्लाना शुरू किया—"देखो, देखो हो लोगो—पाड़ा पगला गया हो ओ-ओ!"

गाँव-भर के लोगों ने तमाशा देखा—तनुकसाह के चार बीघे में फूलीं-फुलायी सरसों रौंद रहा है पाड़ा; उन्मत्त होकर खेत में दौड़ रहा है इस छोर से उस छोर तक। ...पीली चदरी चित्थी-चित्थी हो रही है, मानो।

तनुकसाह चुपचाप देखता रहा। उसके मुँह से एक शब्द भी नहीं निकला। उसी शाम को उसने अजबलाल दास से 'डिगरी' की सफाई कर ली—असल तीस रुपये लेकर। सूद भी नहीं लिया—एक पैसा...।

संतोखी ततमा की बेवा मुसम्मात दिन-भर किसानों के घर में धान-चावल कूटती-छाँटती। तीसरे पहर दौड़ी जाती दो मील दूर टेसन की गुदरी पर—हल्दी और हरी मिर्च बेचने। लौटती बेर कभी-कभी गुदरी पर ही दीया-बाती जल जाती। संतोखी की बेवा पाड़े को पुकारती हुई पगडंडी पकड़ती। पाड़े के लिए वह रोज एक छीमी कच्चा केला खरीदकर लाती थी। पाड़े के प्रति उसकी भक्ति के पीछे है एक अंधकार की घटना। संतोखी की बेवा ने मेरी पत्नी को सुनाया है—

गाँव के एक प्रतिष्ठित व्यक्ति की नजर में संतोखी की बेवा बहुत दिन से नाच रही थी।

एक दिन घात में बैठे—पाट के खेत में...।

गुनगुन करती, अपने-आप न जाने किससे झगड़ती-बड़बड़ाती संतोखी की बेवा खेत के पास आयी। भले आदमी ने अचानक हमला नहीं किया, हालाँकि उसकी अवस्था उस समय जानवर से भी बदतर थी...।

बाजाप्ता प्रेम-निवेदन से प्रारंभ किया बाबू साहब ने।

तीन आने की हल्दी बेचकर, इकन्नी का नून लेकर लौटती हुई संतोखी की बेवा दस रुपये का नोट देखकर काँप उठी थी।...लगा, बाबू साहब के पाकिट से साँप निकला, फन काढ़े हुए। लेकिन वह चीख नहीं सकी; चिल्ला भी नहीं सकी क्योंकि बाबू साहब पैर पर गिर पड़े...।

"छिः-छिः, उठिए बाबू साहेब!"

ठीक, इसी समय पता नहीं किधर से पाड़ा आकर हाजिर।

पाड़े को देखते ही गाँव के नरपुंगव की पुं-शक्ति समाप्त हो गयी।

"...सच कहती हूँ मालकिन, उस दिन किसन महराज नहीं आ जाता तो मैं डूब चुकी थी," संतोखी की बेवा ने मेरी पत्नी के कानों में फिसफिसाकर कहा था।

किसन महराज रघुबर महतो के कूप का पानी छोड़ और किसी गड्ढे-तालाब में मुँह नहीं रोपता। ठीक दोपहर को रघुबर महतो के कूप के पास आकर खड़ा हो जाता। बूढ़ा रघुबर महतो अपने हाथ से पानी भरकर पिलाता था—नियमपूर्वक। रघुबर महतो के 'कच्चा-मीठा' आम के दो पेड़ हैं। आम के मौसम में—टिकोला लगते ही पेड़ों के नीचे मचान गाड़कर बैठता बूढ़ा, दिन-रात। पिछले साल बूढ़ा बीमार पड़ा। दिन-भर उसकी बेटी बतसिया ने पहरा किया। किंतु रात में? रात में कौन पहरा करेगा?

रघुबर महतो का कहना है—"सूरज डूबने के पहले ही पाड़े ने पेड़ के पास आकर

डेरा डाल दिया। फिर दूसरे दिन सुबह जब बतसिया पेड़ के पास गयी तो उठा।...पाड़ा नहीं, देव है देव!"

अब अंतिम कहानी। मेरी देखी-सुनी।

बिहार विधानसभा में, जमीन-हदबंदी के सवाल पर विचार होना अभी भी बाकी है। लेकिन, जिस दिन यह प्रस्ताव सदन में पेश हुआ उससे दो माह पहले से ही छोटे-बड़े किसानों के मन में पाप समा गया। जिले में किसान और गरीब बँटाईदारों में कई जगह गुत्थमगुत्थी भी हो गयी—यह तो किसी से छिपा नहीं है।

मुझे भी चिट्ठी गयी, गाँव से।...जमीन-जायदाद में मेरा भी हिस्सा है, इसलिए मुझे स्वयं इस झंझट के समय उपस्थित रहना चाहिए। पत्नी ने लिखवाया—"कन्हाई बाबू कहते हैं कि भैया के कारण ही पैमायस-बंदोबस्त के समय पचास बीघे जमीन चली गयी—मुफ्त में। दान-खैरात करनी हो...अपने हिस्से की जमीन करें...।"

गाँव पहुँचते ही मुझे गुप्त सूचना दी, छोटे भाई कन्हाई बाबू ने—"इस बार बँटाई करनेवाले फसल काटकर नहीं ले जाये—सभी बड़े किसान चिंतित हैं। एक चुटकी धान नहीं देंगे बाँटकर वे, सुना है। इसलिए हम लोगों ने, माने आसपास के कई छोटे-बड़े किसानों ने मिलकर गुप्त परामर्श करके यह तय किया है...। नहीं-नहीं। मैं ऐसा मूर्ख नहीं—छतिऔना के शिवशंकर सिंह को चोट पर चढ़ाया है, सबसे पहले। तय हुआ है कि पहले शिवशंकर अपने किसानों की फसल कटवाकर ले जायेंगे—अपने खलिहान पर। इसके बाद हम भी अपने बँटाईदारों से कहेंगे, जब दीगर गाँव का किसान फसल काटकर अपने खलिहान पर ले गया तो हम क्यों तुम्हारे खलिहान पर फसल जाने दें?...आप मेहरबानी करके चुप रहिएगा इस बार, नहीं तो...।"

मैंने पूछा—"यदि बँटाईदार लोग अपने-आप ही—राजी-खुशी से—फसल हमारे खलिहान पर ले आयें तो?"

कन्हाई बाबू तुनककर बोले—"देखिए भैया, आप फिर इस बार सबको फेरे में डालिएगा, लगता है। भला वे क्यों लायेंगे?"

मैंने तर्क छोड़ा नहीं—"क्या आपस में, सुलह से कोई रास्ता नहीं निकल सकता?...मान लो, यह तय किया जाये कि न किसान अपने खलिहान पर ले जायें और न बँटाईदार। गाँव से बाहर एक 'पंचायती-खलिहान' बने...।"

कन्हाई बाबू चिढ़कर आँगन की ओर चले गये। जाते समय कुछ बोले नहीं, किंतु उनकी मुद्रा बोली—"आपके जैसा मूर्ख कहीं नहीं देखा।"

मेरी पत्नी आँगन से मुँह लटकाकर आयी। उसकी दलील सुनकर मैं चुप हो गया—"जब जगह-जमीन ही नहीं रहेगी तो बाल-बच्चे खायेंगे क्या? कन्हाई बाबू

कहते हैं कि अखबार की नौकरी भी कोई नौकरी है? सुनते हैं, पिनसिल भी नहीं मिलता।...आपके पैरों पड़ती हूँ, आप चुप रहिए।"

चुप रहा मैं पाँच दिन तक।...अखबार की नौकरी भी कोई नौकरी है?

पाँचवें दिन अभिसंधि के अनुसार छतिऔना के किसान शिवशंकर सिंह हरबे-हथियार, लुटेरे जन-मजदूरों और लठैतों के साथ जमीन पर आ धमके।

गाँव के सभी बँटाईदार अवाक् हो गये—यह क्या? अचानक कौन नया कानून पास हो गया? अंधेर है! जुलुम है!!

मुझे लगा, अचानक कुत्सित रोग मधुमेह का शिकार हो गया मैं।

एक-एक कर सभी गरीब बँटाईदार हमारे दरवाजे पर आये—दौड़ते, रोते-चिल्लाते। मैंने देखा, कन्हाई बाबू निर्विकार भाव से पान में चूना लगा रहे हैं। पान मुँह में डालकर गंभीर हो गये—"हमें क्या कहने आये हो?"

"आप लोग चलकर शिवशंकर बाबू से पूछिए कि...।"

"उँहूँ!"

इसके बाद अभागे बँटाईदारों ने मेरी ओर देखा। बेकारी के समय मैंने भी गरीबों की पार्टी का झंडा ढोया था। संभवतः मेरी खादी की धोती को देखकर ही उन्हें मुझ पर भरोसा हुआ था। मेरे पास गिड़गिड़ाने लगे—"लाल बाबू!...यही उचित है? साल-भर से खेती में बाल-बच्चे, औरत-मर्द मिलकर हमने फसल लगाया...और आज ...आप लोगों के रहते...।"

लाल बाबू चुप रहे—अपने पसीजते हुए दिल को मन-ही-मन पत्थर बनाने की चेष्टा में व्यस्त! आँखें मूँद लीं लाल बाबू ने!—बहुत मुश्किल से बोले—"मैं क्या करूँ? मैं क्या कर सकता हूँ? मेरे हाथ में क्या है?...अखबार की नौकरी भी कोई नौकरी है? पुलिस का सिपाही होता तो मेरी वरदी का प्रभाव पड़ सकता था।"

हाय छोड़कर वे चले गये।

बँटाईदारों के टोले में कुहराम शुरू हुआ। औरतें छाती पीटने लगीं। बच्चे बिलखने लगे। कुत्ते रोने लगे।

उधर खेतों में लुटेरे जन-मजदूरों और लठैतों की सम्मिलित जयध्वनि हुई होहोहोहो-होहोहोहो!!

मेरे स्नायु-मंडल पर प्रतिक्रिया शुरू हुई। ऐसे अवसरों पर मेरा शरीर काँपने लगता है—मलेरिया बुखार चढ़ते समय जैसी कँपनी होती है, वैसी ही।

...बाबू रे-ए ए! हेए ए, अब क्या खाओगे रे ए-ए?

...माई-ई-ई! कलेजे पर हँसुआ चला-आ-आ!

...बाल-बच्चे मर जायेंगे!

...हाय! हाय!!

...होहोहोहो-होहोहोहो

कौन दौड़ी जा रही है? नंगी औरत-पगली औरत? एकदम नंगी? नाच रही है—लूट ले! लूट ले-रे दुश्मनवाँ लूट ले!...

कौओं की काँव-काँव? अथवा मैं ही पगला गया?

...लाल बाबू! आप देवता हैं।...काँव-काँव!

लाल बाबू...! आप राक्षस हैं।...काँव-काँव!!

लाल बाबू? लाल बाबू? काँव-काँव!!

...लाल बाबू! जरा खेत पर चलिए।

मैं क्या कर सकता हूँ? मैं...मैं...!

कौन है? शिवशंकर सिंह का छोटा भाई देवशंकर सिंह? मुझे क्यों बुलाने आया है? मैं कहीं नहीं जा सकता। मुझे बहुमूत्र रोग है। मैं एक डग भी नहीं चल सकता। मैं नशे में चूर हूँ। मैं जानवर हूँ। मुझे कोई क्यों बुलाएगा?

"...लाल बाबू!" देवशंकर ने कड़ककर मुझे होश में लाने की चेष्टा की। बोला—"आप अपने पाड़े को पुकार लीजिए। वहाँ खेत में...।"

क्या! खेत में पाड़ा? अर्थात! किसन महराज पहुँच गये हैं धर्मक्षेत्र में, कुरुक्षेत्र में? ऐ! तब फिर क्या—जिधर कृष्ण—उधर विजय!!

"लाल बाबू। जल्दी चलिए।"

"भैया। जाइए न। पुकार लीजिए पाड़े को।"

मेरी कँपकँपी रुक गयी हठात। मेरी घुटती हुई उत्तेजना को रास्ता मिला, "मैं क्यों जाऊँ? पाड़ा मेरा नहीं, सारे गाँव के लोगों का है। मैं क्यों पुकारने जाऊँ? मैं किसी का नौकर नहीं; न तुम्हारा, न तुम्हारे शिवशंकर सिंह का।"

देवशंकर चला गया। नंगी औरत रोती-भागती चली गयी। कन्हाई बाबू भी चले गये।

खेत से फिर हो-हो की आवाज आयी। मैंने उत्कर्ण होकर सुना—इस बार जयकार अथवा हर्ष-ध्वनि नहीं!...धर्मक्षेत्र से, कुरुक्षेत्र से, किसन महराज को भगाने के लिए हल्ला किया जा रहा है—हुस्स! होय-होय!

...मारो। मारो। अ-रे-रे-रे-रे!

...दुई! दुईस। अँह-अँह-हुस्स!

...भाग रे-ए-ए! हो हो हो हो।

शोरगुल बढ़ता गया। अब किसन महराज अगले पैरों से खुर्री काटकर धूल उड़ा रहा होगा।

...अश्रुगैस!

...मारो। मारो। होहोहोहो।

...ट्रड्डाँय! ट्रड्डाँय!!

झूठा फायर? अथवा...अथवा?

...भागो। भागो!!

ट्रड्डाँय!

आह! इस बार झूठा फायर नहीं।

मैं दौड़ा।

खेत पर पहुँचते-पहुँचते किसन महराज का रथ दूर जा चुका था। परिवर्त-क्रिया के झोंके पर उसकी देह थरथरा रही थी; रह-रहकर पैर झटक रहे थे।...किसन रे!

मेरे किसन ने किसी की जान नहीं ली। वह गरीबों के हक की रक्षा कर रहा था। ईंट-पत्थरों की मार खाकर भी धूल उड़ाता रहा, सिर्फ। चेतावनी देता रहा। फिर लाठी चली। वह अहिंसक रहा। सींगों से डराना, धूल उड़ाना, हिंसा नहीं। तीर और भालों से घायल हुआ—देह छलनी हो गयी। तब उसने दो लुटेरे लठैतों के हाथ-पैर तोड़े पटककर। शिवशंकर ने झूठे फायर किये, किंतु देवशंकर ने गोली दाग दी—कलेजे पर! गोली खाकर भी उसने किसी की हत्या नहीं की। मरते-मरते उसने शिवशंकर और देवशंकर को घायल ही किया। वह जान ले सकता था।...अंत में गाँव की ओर भागा। भागा नहीं। वह निश्चय ही मेरे पास आ रहा था। मेरी पत्नी के आँचल में मुँह छिपाकर सोने के लिए...रघुबर महतो के कूप का पानी पीने के लिए...संतोखी की बेवा के हाथ से केला खाने के लिए...मेरे बेटे के हाथ से फरही-गुड़ खाने के लिए...!

कुछ दूर आया...डगमगाया...गिरा...!

मैंने उसके कान के पास मुँह लाकर पुकारा—"किसन रे! हाय-हाय मैंने तुझे पहले ही क्यों न पुकार लिया?...लेकिन मैं जानता हूँ—तुम आज मेरे पुकारने पर भी नहीं आते।...तुम धर्मयुद्ध से कैसे मुँह मोड़ सकते थे...?"

अब मैं पुलिस द्वारा लगाये गये आरोप के जवाब दे दूँ—अंत में!

पुलिस की रपट है—मैंने गाँव में अशांति फैलायी है।

उत्तर में निवेदन है—गाँव में सर्वत्र शांति विराज रही है—पवित्र शांति! गाँव के छोटे-बड़े किसानों ने अपने बँटाईदारों से कह दिया—जहाँ जी में आये ले जाओ फसल काटकर। शिवशंकर को उसका हिस्सा भदई धान मिल चुका है। कन्हाई बाबू की

फसल बँटाईदारों ने कन्हाई बाबू के खलिहान पर ही रखी।...कहीं भी किसी किस्म की अशांति नहीं।

किसन की मृत्यु के बाद कुछ लोग उत्तेजित हुए थे, अवश्य। किंतु रामधुन सुनकर वे शांत हो गये। रात-भर उसकी लाश को घेरकर 'निरगुन' गाये गये। सुबह को धूमधाम से माटी दी गयी। उसकी समाधि पर आसपास के दस गाँवों के लोगों ने आँसू से गीली मिट्टी दी; बारी-बारी से औरतों ने आँचल पसारकर समाधि पर छाया की। धूप-दीप और शंखध्वनि...अशांति नहीं फैलाती।

घटना की खबर शहर पहुँची। खेतिहर मजदूर संघ के मंत्रीजी आये, किसान सभा और कांग्रेस के कार्यकर्ता भी आये। दारोगा साहब आये। कौन-कौन आये, कौन गये, मुझे कुछ नहीं मालूम। किसन की मृत्यु के बाद से ही मेरी बोली बंद थी। आँखें बंद थीं...।

समाधि देने के समय एकत्रित लोगों ने बार-बार जय-ध्वनि की थी। सभी अपने को दोषी समझ रहे थे। किसन के बिना सभी अपने को असहाय अनुभव कर रहे थे, इसलिए कभी-कभी सम्मिलित रुदन भी करते थे—हाय-हाय कर।...किंतु इससे भी शांति भंग नहीं हुई...।

पुलिस रपट में कहा गया है—गरमागरम भाषण दिये गये। लोगों को उभाड़ने के लिए हिंसात्मक कार्रवाई करने के लिए क्रांतिकारी गीत गाये गये!

जहाँ तक मुझे याद है, भाषण किसी पेशेवर नेता ने नहीं दिया था। गाँव के एक भावुक विद्यार्थी ने अपनी टूटी-फूटी भाषा में तुतलाकर कुछ कहा था, जरूर। लेकिन वह कोई गरम बात नहीं थी। उसने कहा, "जब आदमी के दुख को आदमी ने नहीं समझा किसन महराज ने पशु होकर भी आदमी का काम किया। आदमी का काम नहीं, देवता का। उसने अपनी जान देकर साबित कर दिया कि हम जानवर से भी गये-बीते हैं...।"

और मेरे टोले की चंपा ने, अपनी तीनों बहनों के साथ मिलकर विश्वकवि का प्रसिद्ध गीत गाया—"यदि तोर डाक सुने केउ ना आसे...।"

दारोगा साहब ने लिखा है—समाधि पर लाल झंडे गाड़े गये हैं।

इस बात पर, इस विषाद-भरे क्षण में भी मुझे हँसी आ रही है। गाँव के किसी भी देवस्थल पर लाल-सालू का झंडा फहराया जाता है। हनुमानजी का झंडा हो, चाहे माँ चंडिका का—रंग लाल ही होता है...।

मुझे आश्चर्य तो तब हुआ—जब कि आपने उनकी इस रपट के आधार पर यह सवाल किया—आपके नाम 'लाल बाबू' का 'लाल' किसी 'राजनैतिक लाल' का संकेत है क्या?...मैं आपके विनोदप्रिय मिजाज की सराहना करता हूँ...!

किसन महराज की समाधि पर गड़े झंडे भी लाल हैं—स्वीकार करता हूँ।

गाँव के दरजी ने झंडों पर पाड़े की आकृति बनाने की चेष्टा की है, सफेद कपड़े से। मुझे लगता है कि दारोगा साहब ने झंडों में अंकित किसन महराज के सींगों को हँसिया समझा... पैर को हल! पूँछ को चक्र...मुँह को हथौड़ा...।

दोष उनकी दृष्टि का है।

जनवरी, 1962

रोमांस शून्य प्रेम-कथा की एक भूमिका

आज वह 'हल्दी-चिरैया' फिर आयी है? बरसात-भर यह रोज इसी तरह समय-असमय आयेगी और किसी पेड़ की डाली पर भीगती हुई या पंख सुखाती हुई—सुरीले-स्वर में एक लंबी पंक्ति दुहराएगी! संस्कृत-श्लोक की कड़ी—का कस्य परिवेदना! स्पष्ट! हू-ब-हू!! ...पता नहीं क्या बोलती है! पवित्रा को अचरज होता है, यहाँ के लोग इस 'पाखी' का नाम नहीं जानते। पूछने पर मुँह बिदकाकर कहेंगे—पता नहीं क्या नाम है। हल्दी-चिरैया नाम पवित्रा ने ही गढ़ लिया है!

यही एक पखेरू है, जो उसके देश में नहीं होता। या, होता भी हो तो पवित्रा ने कभी नहीं देखा। सचमुच इस 'देश' में कुछ भी ऐसा नहीं, जो पवित्रा के 'देश' में नहीं था। पेड़, फल, फूल, फसल, जानवर, पंछी... सिर्फ, एक 'हल्देपाखी' को छोड़कर। ...माँछराँगा को यहाँ के लोग मछलोकनी कहते हैं। पवित्रा के गाँव का अर्थात् 'पूवबंग' का 'पेंचा' ही यहाँ का उल्लू है, यह उसने यहाँ आकर जाना। उल्लू को वह भालू के जैसा कोई जानवर समझती थी। लोगों के नामों में लाल, प्रसाद और झा तथा नारायण लगा देने से क्या होता है, चेहरे तो नहीं बदलते? लेकिन, इस 'कॉलोनी' (नबीनगर गाँव) के सैकड़े-निन्नानबे लोग ऐसे हैं जो पवित्रा की इस राय से सहमत नहीं। वे कहेंगे—की मुश्किल दीदी ठाकरुन... परछाद-टाइटेल अपने गाँव के किसी आदमी के नाम में लगा दो, देखोगी फिट ही नहीं करेगा! नाम के माफिक चेहरा भी होना होगा दीदी ठाक...! की मुश्किल!!

गाँव बसने के बाद पवित्रा एक दिन गाँव के लोगों को समझा रही थी—हम लोगों का भाग्य अच्छा है कि हमें इस जिले में बसाया गया। यहाँ धान और पाट की खेती होती है। हम भी अपने 'देश' में धान और पाट की खेती करते थे। यहाँ के लोग भी मछली-भात खाते हैं। गाँव-घर, बाग-बगीचे, पोखरे और नदी, सबकुछ अपने ही 'देश' जैसा...।

सूखी हुई कायावाले हरलाल साहा ने तीखी आवाज में विरोध किया था—से हुति पारेना... ऐसा होना असंभव है! कहाँ अपना देश और अपने देश की मिट्टी और अपने देश का चावल और कहाँ इस अद्भुत देश का सब 'आजगूबी व्यापार'। ...पता नहीं,

तुमने क्या देखा है दीदी ठाकरुन! यहाँ की मछली में क्या वही स्वाद है, जो 'पद्दा के इलिच' (पद्मा नदी की हिलसा मछली!) में...?

हरलाल साहा की बात पर सभी इस तरह मुस्कुराये मानो वह सबके दिल की बात कर रहा हो।

गाँव में ट्यूबवेल गाड़ने के लिए सरकारी आदमी आया है। वह बंगाल से आये हुए शरणार्थियों के लिए कई गाँव बसा चुका है, यानी गाँवों में ट्यूबवेल लगवा चुका है। इसलिए, 'पूव बंगाल' की बोली 'कुछ-कुछ' समझने का दावा करता है। उसे देखते ही हरलाल साहा ने आँख टीपकर अपनी बात बंद कर दी। सभी चुप हो गये।

किंतु वह सरकारी आदमी चुप नहीं रहा। उसने मुस्कुराकर सीधे पवित्रा से पूछा—"यह आप लोग 'अपना देश-अपना देश' क्या बोलते हैं? देश का क्या मतलब? क्या माने?"

...देश का माने आर केया होगा... देश का माने देश... हरिधन मोड़ल को इस ट्यूबवेल गाड़नेवाले 'खुदे मनिब' (क्षुद्र-अधिकारी) से न जाने क्यों चिढ़ है... 'माइयाँ-छायला' (लड़कियाँ) देखते ही बात करने के लिए इसकी जीभ 'सुड़सुड़ाती' रहती है। मानो हर बात का माने खोजता है बेटा!

...देश का माने देश, तो क्या हिंदुस्तान अपना देश नहीं है? आप लोगों का देश नहीं है?

...हिंदुस्तान कैसे 'आपना-देश' होगा?

काला चाँद घोष चतुर नौजवान है। उसने अपनी भारी और मोटी हँसी से बात को हल्का करने की चेष्टा की—हे-हे-हे-हे! अरे बाबू, आप देश का जो माने बूझता है 'आसल' में हम लोगों का देश का माने वो नेंही है। देश का माने? जैसे बांग्ला देश, बिहार देश, उड़ीसा देश! वैसे माफिक। हे-हे-हे-हे!

"तो प्रदेश बोलिए। प्रांत कहिए।"

छिदामदास सरकारी कर्मचारियों से बातें करने का अवसर ढूँढ़ता रहता है। उसने दाँत निपोरकर कहा—ओवरसियेर बाबू—यह देश बोलिए, प्रदेश बोलिए या कि प्रांत कहिए—अब तो जो भी है सो बस यही नोबीननगर ग्राम!

सरकार-आदमी न जाने क्यों ठठाकर हँस पड़ा था। छिदामदास की बुद्धिमानी देखकर पवित्रा मुस्कुरायी थी और उस ट्यूबवेल-फिटर साहब की नजर शुरू से अंत तक पवित्रा पर ही गड़ी हुई थी। जेब से बीड़ी निकालकर बाँटने के बाद सभी के मुँह के सामने, बारी-बारी से सच्च-सच्च लाइटर जलाकर बीड़ी सुलगा दिया, फिटर साहब ने।

वह अपने काम पर चला गया। छिदामदास ने कहा—देखा? फिटर साहेब को ओवरसियेर बाबू कह देने से कितना खुश हुआ?

सभी अपने देश की हँसी हँसे थे—जी खोलकर, एक साथ! किंतु पवित्रा बोली थी—जो भी कहो, वह ठीक ही कहता था। देश माने हिंदुस्तान अर्थात् भारत।

...दीदी ठाकरुन, देश माने हिंदुस्तान की कयरे हॅय बुझाइया दिन... कैसे देश माने हिन्दुस्तान हो? हम लोगों के इस गाँव का नाम है नोबीननगर और यहाँ के लोग कहते हैं पाकिस्तानी-टोला? ...की करे हय बुझाइया दिन! काला चाँद घोष की माँ वाजिब बात कहती है!

अधेड़ गोपालदा बहुत कम बोलनेवाला आदमी है। मैट्रिक तक पढ़ा हुआ है और गाँव में स्थापित होनेवाले स्कूल का उम्मीदवार मास्टर है। उसने टोका था—काला की माँ! साइनबोर्ड लगने दो गाँव के बाहर। स्कूल चालू होने दो एक बार; तब देखना, फिर कैसे लोग पाकिस्तानी-टोला कहते हैं, हमारे इस नोबीननगर को!

छिदामदास अपने पेट से गंजी को तनिक ऊपर की ओर सरकाकर पेट पर हाथ फेरते हुए बोला था—आसल चीज है यह साला पेट! ई बेटा पेट का वास्ते जो कुछ सुनना पड़े, कहना पड़े—सब कबूल!

...हल्दी-चिरैया फिर बोली—का कस्य परिवेदना!

नोबीननगर नहीं—नबीननगर!

न नोबीननगर, न नबीननगर। इस गाँव का सही नाम है नबीनगर।

राज्य के पुनर्वास-उपमंत्री मुहम्मद इस्माइल नबी ने, इस गाँव के शिलान्यास समारोह के अवसर पर बोलते हुए कहा था—यह सब उस बापू की महिमा है कि मेरे-जैसे अदना खिदमतगार, जनता के इस छोटे सेवक के नाम पर आज नगर बसाया जा रहा है।...

इसके बाद डिप्टी-मिनिस्टर नबी साहब ने वीराने को बसाने और बसे को उजाड़ने की बात पर एक शेर पढ़ा था। गाँव के अधिकांश लोगों ने जिसका कोई मतलब नहीं समझा। लेकिन, तालियाँ खूब जोर से बजायी थीं...

बसे को उजाड़ना?

पवित्रा इस नये बसे हुए गाँव नबीनगर की एक झोंपड़ी में लेटी हुई अपने उजड़े गाँव में पहुँच जाती है—जिला मैमनसिंघ के जुमापुर गाँव में।

...पवित्रा के पिता, जुमापुर गाँव के एकमात्र हिंदू-जमींदार! एकमात्र ब्राह्मण परिवार। एकमात्र सवर्ण हिंदू!

गाँव में तीन और जमींदार थे। तीनों मुसलमान। मुसलमानों की तेरह टोली और हिंदुओं के–सब मिलाकर–ढाई मुहल्ले। गाँव के सभी लोग–हिंदू-मुसलमान–पवित्रा के पिता को 'पिता ठाकुर' कहते थे। और पवित्रा की हवेली का नाम मशहूर था–ठाकुरबाड़ी!

काशीनाथ चटर्जी–पवित्रा के पिता–बंगला और संस्कृति के ही पंडित नहीं, उर्दू और फारसी के भी अच्छे जानकार थे। ...जुमापुर की 'मजलिस' में दूर-दूर के मौलवी और मुल्ले आते थे और 'पिता ठाकुर' उन लोगों से घंटों इस्लाम की बारीक बातों पर बहस करते। घर में, जब किसी बात पर उन्हें तरस आता तो वे प्रायः फारसी का कोई पद्य दुहराते थे। उस समय सारे घर में एक दबी हुई हँसी खेल जाती। किंतु, जब उसका अर्थ ठेठ बंगला में सुनाया जाता, तो व्यंग्यबाण से घायल शिकार छटपटाकर रह जाता। माँ चिढ़कर कहती–तुम हर बात में 'कलमा' पढ़कर जीतना चाहते हो...!

...कलमा... कादिर... कासिम... कासिम नहीं–कासिमदादा... कासिमदादा नहीं, कसाई!

...कादिर अब्बा के घर, हर साल 'ठाकुरबाड़ी' से दो बार सौगात भेजे जाते। ईद और दुर्गापूजा में। अपने पिता के साथ पवित्रा बचपन से ही ईद के मौके पर कादिर अब्बा की हवेली में जाती। कासिम, शमीम, शबनम–कादिर अब्बा के सभी बच्चे–दुर्गापूजा में 'ठाकुरबाड़ी' आते थे।

...किंतु, इस बार 'ईद' के दिन पवित्रा नहीं गयी। कासिमदादा खुद आये। पवित्रा ने हँसकर कहा था–ईद मुबारक कासिमदादा!

...कासिमदादा ने इधर-उधर देखकर कहा था–चाँद तो मैंने अभी देखा है। –कासिमदादा क्या बक रही हो? ...तुमी आमार चाँद! ...किंतु, कामिसदादा चाँद तो आकाश में रहता है।

...उसी बार पवित्रा ने अपने पिता से स्पष्ट शब्दों में कह दिया था–बाबा, यह कासिमदादा बड़ा फ़ाजिल... माने... बदमाश हो गया है।

...बाबा उन दिनों गाँधीजी की तरह सप्ताह में एक दिन मौन व्रत रखते थे। उन्होंने लिखकर उत्तर दिया था, कागज के एक टुकड़े पर–बदमाश हो या शैतान–प्रेम से सबको जीता जा सकता है। प्रेम सदा विजयी होता है! ...आसल जिनिस होलो भालोबासा! गाँधीजी बलेछेन...!!

...इसके बाद, एक रात को अचानक महाविनाश लीला शुरू हुई। ...आग... मार...काट...बंदूकों की आवाजें... ईद का जशन... फुलझड़ी...वंदेमातरम्...गाँधीजी की जय...पवित्रा के पिता की आवाज ठाकुरबाड़ी में मँडरा रही है...आग की

लपलपाती हुई लपटों में पवित्रा ने देखा था—कासिम ढूँढ़ रहा है। कोथाय? —कहाँ है वह?

...फिर, पवित्रा ठाकुरबाड़ी से निकलकर कैसे बागदीपाड़ा में पहुँच गयी, वह नहीं जानती। उसकी आँखें खुली थीं—हिंदुस्तान के एक शरणार्थी कैंप में—कटिहार स्टेशन पर। होश में आते ही पवित्रा ने पूछा था—बाबा कहाँ हैं? माँ कहाँ? और लोग कहाँ हैं? ...किसी ने कोई जवाब नहीं दिया। उसने फिर कोई सवाल नहीं किया। एक लंबी साँस लेकर वह चुप हो गयी। तभी से वह चुप है। सभी अपने गाँव और गाँव के लोगों की, बिछड़े हुए आत्मीय-स्वजनों की चर्चा करते हैं। वह मुँह बिदकाकर मुस्कुराती रहती है। अर्थात्—क्या मूर्खता भरी बातें करते रहते हैं लोग!

...जिला मैमनसिंघ, गाँव जुमापुर!

नबीनगर कॉलोनी के सैकड़े-पचहत्तर-निवासी एक ही जिला और गाँव के रहनेवाले हैं! पवित्रा को छोड़कर सभी पिछड़ी जाति के लोग हैं—सतगोप, काँदू, नमःशूद्र, कैवर्त और बागदी।

योगेशदास बारिसाल से आया है, शारदा बर्मन और माखन त्रिपुरा जिले के निवासी थे—बेतिया शरणार्थी कैंप में, जुमापुरवालों के दल में आ मिले, इनके परिवार!

...तीन-चार शरणार्थी कैंपों में, कई वर्षों तक जुमापुरवालों का दल, पवित्रा के बल पर ही टिका रहा। जुमापुर का एक बच्चा भी दल से बिछुड़कर कहीं जाना नहीं चाहता। और, पवित्रा के कारण ही उन्हें कोई कष्ट नहीं हुआ—कहीं भी। जुमापुरवालों के सारे अभाव-अभियोग की सुनवायी सबसे पहले होती है। ...दीदी ठाकरुन की आज्ञा के बिना न तो कोई रेशन का एक दाना छू सकता था और न सरकारी-सहायता का एक पैसा। वे कहते—जाने दीदी ठाकरुन!

...और, हर जगह पवित्रा को एक जोड़ी आँखें घूरती रहतीं। उन आँखों से कासिम झाँककर कहता—यहाँ है। मेरा चाँद। पवित्रा सुनती, कासिम कह रहा है—तुम जो कहोगी करने को तैयार हूँ। आग में कूदने कहो, पानी में डूबने कहो!

...पवित्रा हुक्म देती चावल, दूध, बिस्कुट, दवा, कपड़े जल्दी भेजो! ...कैंप सुपरवाइजर की बदली करो। ...रिलीफ-क्लर्क को बर्खास्त करो! ...कासिम कहता जो हुक्म! जैसी मर्जी! लेकिन, लेकिन... मेरी अर्जी? यानी, कम-से-कम एक बोसा भी नहीं?

ऐसे सवालों पर पवित्रा मुँह बिदकाकर मुस्कुरा देती। अर्थात्—नानसेन्स! ...किंतु, बेतिया कैंप के इंस्पेक्टर की आँखों से झाँकता हुआ कासिम अधीर होकर टूट पड़ा था—चाँद को पकड़ने।

...पवित्रा मुँह बिदकाकर हँसती रही और एक दर्जन जुमापुरी शरणार्थियों ने मिलकर इंस्पेक्टर का सिर मूड़ दिया, मुँह पर कालिख और चूना पोतकर कैंप से बाहर निकाल दिया था—समारोह के साथ।

...इसके बाद सबसे बड़े अफसर की आँखों में कासिम की झलक पाते ही पवित्रा ने हुक्म दिया था—जुमापुरी-शरणार्थियों को ऐसी जगह में भेजो, जहाँ वे मछली-भात पेट-भर खा सकें। धान उपजा सकें, पाट की खेती कर सकें।

...सबसे बड़े अफसर ने कहा—जो हुक्म! सभी जुमापुरी पूर्णियाँ जायेंगे। आँखों की खिड़की से कासिम ने झाँककर कहा—किंतु, तुमको मेरे साथ जाना होगा। मेरे दिल में एक वीरान जगह है, तुम अपना घर वहीं बाँधो। ...पवित्रा मुँह बिदकाकर हँसती रही, गाड़ी पूर्णियाँ की ओर चली—सभी जुमापुरी-शरणार्थियों को लेकर।

...और पूर्णियाँ पहुँचकर आर.ओ. साहब के पी.ए. यानी रिहेबिलेशन आफिसर के पर्सनल असिस्टेंट की आँखों में देखा—कासिम विराजमान है, पहले से ही।

...इसलिए, सबसे अच्छी जगह और अच्छे इलाके में जुमापुरवालों की 'कॉलोनी' बसायी गयी। जहाँ की धरती उपजाऊ है, जहाँ की नदियों में हर किस्म की मछलियाँ हैं। गोड़ियर गाँव के दक्षिण गैरमजुरवा जमीन पर 'कॉलोनी' की नींव खुद आर.ओ. साहब ने डाली! उस दिन, कासिम आर. ओ. की आँखों में था। पी. ए. ने आँख उठाकर देखने का साहस भी नहीं किया।

एक सरकारी लिफाफा हाथ में लेकर गोपालदा चिल्ला रहे हैं—सभी भाई-बहन सुन लीजिए। मंजूर हो गया! हो गया मंजूर। स्कूल हो गया।

पवित्रा को अचरज होता है, बहुत कम बोलनेवाला, कम सुननेवाला और कम सोनेवाला गोपालदा इधर इतना 'बकबक' क्यों करने लगा है? स्कूल तो होना ही था। इस तरह चिल्लाने की क्या जरूरत?

उसने गोपालदा के सारे उत्साह को अचानक बुझा दिया, मानो—गोपालदा, स्कूल तो हुआ मगर आपके पोख्ता-साइन-बोर्ड का क्या हुआ? स्कूल का नाम पाकिस्तानी-स्कूल तो नहीं रख देंगे, हाकिम लोग?

गोपालदा ने इस बार ध्यान से—एक-एक शब्द पर जोर देकर पत्र पढ़ना शुरू किया—गोड़ियर गाँव के पाकिस्तानी टोला में स्कूल खोलने के प्रस्ताव पर...?

इससे आगे वह नहीं पढ़ सका। उसका गला भर आया—सचमुच, यह पाकिस्तानी टोला नाम अब कभी नहीं मिटेगा? ...गोड़ियर... गोड़ियर... चूल्हे में जाये यह गोड़ियर गाँव।

...नहीं, गोपालदा! ऐसा नहीं कहते। सभी गाँव फूलें-फलें। पवित्रा ने समझाया—गोड़ियर गाँव के साथ आपका नोबीननगर भी चूल्हे में चला जायेगा।

कालाचाँद घोष अब तक चुप था। उसको अपनी कीर्तन-पार्टी में दिलचस्पी है। स्कूल खुले या गाँव का नाम बदले! उसने गोपालदा की ओर देखकर गाना शुरू किया—

नोबीननगर नेंई बाबा—
नोबीनगर बोलो
पाकिस्तानी टोलार नामे—स्कूल
का रजिस्टर खोलो
बोलो हरि बोलो!

सभी हँस पड़े और गोपालदा फूट-फूटकर रो पड़ा। पवित्रा ने आँखों से ही कालाचाँद को डाँटा।

गोड़ियर गाँव।

पंद्रह घर मैथिल ब्राह्मण, चार परिवार राजपूतों के—यह हुआ गोड़ियर गाँव का बाबूटोला। बीस घर ग्वाले, आठ कैवर्त, तेरह घर गोढ़ी। गोड़ियर गाँव का असल नाम इसी गोढ़ीटोला से हुआ—जहाँ गोढ़ी (मछली पकड़नेवाली जाति) लोग रहते हों—गोढ़िहार। गोढ़िहार से हुआ गोड़ियर। गोड़ियर गाँव का सबसे सुखी और संपन्न परिवार गोढ़ी का ही है। तालेवर गोढ़ी के यहाँ रुपया 'गंध' करता है। अर्थात् सुँगठी (सूखी मछलियाँ) की तरह जमे हुए पैसे से गंध निकलती है।

ब्राह्मणटोली में चौधरी परिवार और राजपूतों में गिन-गूँथकर बस एक ही ऐसा घर है, जिनके पास थोड़ी जमीन है। बाकी लोग यजमानी, पहलवानी, गाड़ीवानी, घोड़ा लदाई, दुकान, नौकरी, खेत-मजदूरी और चोरी करके जीवनयापन करते हैं।

'कॉलोनी' में स्कूल खुलने की खबर गोड़ियर गाँव के सभी टोलों में तुरन्त पहुँच गयी। तालेवर गोढ़ी के दरबार में मुँहलगुए और चापलूसों की भीड़ लगी हुई है। धानुकटोले का मोहना दफादार चूँकि सरकारी आदमी है, इसलिए वह गैर-कानूनी बातें नहीं करता कभी। उसने कहा—गाँव के लोग दस साल से चिल्ला रहे हैं। स्कूल-स्कूल। मगर स्कूल के नाम पर एक चटसार भी नहीं खुला, अब तक। उधर देखिए, पाखिस्थनियाँ सबको आये छः महीने भी नहीं हुए हैं, मिडल स्कूल खोलने का औडर पास हो गया!

सभी ने एक ही साथ अचरज से कहा—क्या-आ-आ-आ? स्कू-ऊ-ऊ-ऊ-ल? पाखिस्थनियाँ-टोला में?

इसके बाद कुछ देर तक खामोशी छायी रही। सभी की आँखें वृद्ध तालेवर गोढ़ी

पर जा अटकीं। तालेवर गोढ़ी ने हाथ की 'सुमरनी' को, 'सत नाम-सहसर-नाम' कहकर झोले में रख दिया। और निर्विकार-चित्त से कहा—जो सचमुच अपने बच्चों को पढ़ाना चाहते हैं, उनके लिए सरकार जरूर स्कूल खोलगी। इसमें अचरज करने की क्या बात है?

—वाजिब बात। वाजिब बात!

तालेवर गोढ़ी की वाजिब बात सुनकर सभी के चेहरे मुर्झा गये। ...आज बुढ़वा 'खखुवाया' हुआ है, शायद। आज कोई काम बनने की उम्मीद नहीं।

तालेवर गोढ़ी ने लोगों के मुरझाये हुए चेहरों को फिर खिला दिया। बोला—भैया, तुम लोग कहाँ हो? पाखिस्थनियाँ सब भला बसेगा? बसने का होता तो ये जहाँ बसे हुए थे, वहाँ से भागते ही क्यों?

"वाजिब बात। वाजिब बात।"

दोनों सौतेले भाई—जयराम सिंघ और रामजय सिंघ—आजकल तालेवर गोढ़ी के बिना पैसा के लठैत हैं। जयराम सिंघ बोला—साला, जहाँ-जहाँ कॉलनी बसाया—वहाँ जाकर देखिए। ई बंगलिया सब देखने में 'निबोलिया' लगते हैं, लेकिन 'भीतरे-भीतर' बड़े 'मारखू' होते हैं। रातों-रात सिमेंट, लोहा-लक्कड़ बेचकर गाँव-के-गाँव 'परेट' (अर्थात् भाग गये)। सिसुआ में, महिचन्दा में—सब जगह यही हाल हुआ कॉलनी का।

"कामचोर हैं सब।"

"फैशन देखा है?"

"साला, जनाना भी खड़ाऊँ पहनकर चलेगी। धरती पर पैर नहीं देगी, कभी।"

"धरती पर पैर कैसे दे? सरकार बहादुर का रुपया है, घर की मुर्गी है चाहे दाल बनाओ..."

पंडित रामचंदर चौधरी अब तक चुप थे। खैनी थूकते हुए बोले—यदि स्कूल का रुपया हजम करके पाखिस्थनियाँ लोग नहीं भागे तो, मेरा नाम रामचंद्र चौधरी नहीं—कुकुरचंद्र चौधरी कहना। जितने निठल्ले और कामचोर लोग थे, सभी रिफूजी हो गये हैं मगर पंजाबी-रिफूजी ऐसे नहीं। पटना में, जबीशन रोड के बगल में, लौलीसेन के सामने एक पंजाबी-रिफूजी की पकौड़ी की दुकान थी। जब हम लोग अपील करने के लिए हायकोठ गये थे तो बूढ़ा-बूढ़ी दिन-रात पकौड़ी और घुघनी बेचता था। और जब केस का जजमेंट सुनने गये तो देखा कि न पकौड़ी है न पकौड़ी की दुकान और न बूढ़ा है, न बूढ़ी है...!

"कहाँ चले गये? सरकारी कर्जा खाकर भाग गये?"

"नहीं भाई, वे क्यों भागेंगे? भागें ये बंगाली रिफ्यूजी। अब क्या बतलावें? कहाँ तो टीन की टूटी हुई 'छती' और कहाँ तीन मंजिला ब्लिडिंग...!"

"ब्लिडिंग क्या?"

मोहना दफादार ने पूछनेवाले को 'ब्लिडिंग' का अर्थ समझा दिया और बात की छोर को अपने हाथ में ले लिया—चौधरीजी ठीक कहते हैं। मेहनत के नाम से इनका भूत भागता है और दिन-भर एक जगह गोल बाँधकर बैठेंगे और बीड़ी 'धकेंगे' और हमेशा कचर-पचर करके आपस में बहस करेंगे। सभी को 'सालार बेटा साला' कहेंगे...।

चौधरी रामचंदर को मोहना दफादार की यह आदत अच्छी नहीं लगती। बात के बीच में बोलने का साहस? वे झुँझलाकर बोले—सालार बेटा साला कहता है तो कौन-सी बड़ी कहता है! साला तो जैसे बिहार में, वैसे बंगाल में। अजी, कॉलनी का छोटा-छोटा बच्चा भी हम लोगों के लड़कों को कहता है—असब्बो, जोंगूली, खोट्टा...

"असब्बो माने?"

मोहना दफादार खुद 'असब्बो' का अर्थ नहीं जानता। कैसे समझाए? मतलब पूछनेवाले को?

रामजय सिंघ बोला—मगर सारे कॉलनी में एक ही जनाना ऐसी है कि देखिए तो बस देखते ही रह जाइए—एकटक!

इस बार मोहना दफादार एक सरकारी बात बोला—अरे हाँ! वह औरत नहीं, चाबी है चाबी! सभी हाकिम से मुँहा-मुँही बोलती है और हाकिम लोग गुम हो जाते हैं। ...दारोगा साहब कह रहे थे, उस पर नजर रखना। शायद कौमनीस है।...

"कौमनीस क्या?"

तालेवर गोढ़ी ने कहा—कौमनीस का माने भी नहीं जानते? अजी, जिसको हिंदी में कमसिन कहते हैं, उसी को उर्दू में कौमनीस कहते हैं।

मोहना ने बाधा डालने की चेष्टा की—नहीं, नहीं...।

इस बार पंडित रामचंदर चौधरी चिढ़ गये—मोहना, तुम एक साल की दफादारी में ही तालेवर भाई की बात को नहीं काट सकते। एक तुम्हीं अर्थ समझनेवाला हो इस गाँव में ?

मोहना बोला—कौमनीस का माने कमसिन है। मगर ऐसा कमसिन...।

मोहना को किसी ने बोलने नहीं दिया।

सामने की सड़क से नबीनगर-कॉलोनी के फेरी करनेवाले लड़कों का एक झुण्ड गुजरा—गले और पीठ पर टीन के कनस्तर लटकाए। बिस्कुट, लेमंचूस, गमछा की फेरी

करने के लिए ट्रेन और बस से दूर-दूर तक जाते हैं। फिर रात को दस-ग्यारह बजे तक लौटेंगे।

पवित्रा 'ऑफिस-घर' के दक्षिण में कटहल के छोटे पेड़ के पास खड़ी है... न जाने कहाँ देख रही है। न जाने क्या देख रही है!

गोपालदा ने पवित्रा का ध्यान भंग किया—की देखसेन? ...स्कूल की जगह देख रही है। और देखना नहीं होगा। हम लोगों के नोबीन-नगर के स्कूल का साइट—एकदम फस्ट क्लास...।

"नहीं गोपाल मास्टर! मैं कुछ और ही देख रही हूँ। आपको भी दिखलाती हूँ, अभी। सभी जुमापुरवालों को बुलाकर दिखलाना होगा।"

"क्या?"

पवित्रा हँसी। बोली—इधर आइए! यहाँ खड़ा होइए। ...अब, देखिए—वहाँ उस ...उधर नहीं, सीधे—दूर, उस टेढ़े पेड़ को। देख रहे हैं न ? अब, उससे भी दूर जो काला जंगल दिखलायी पड़ रहा है... और टाइल-खपड़े के वे घर—खजूर के दोनों पेड़ों के उस पार—देखा? ...अच्छा, बोलिए तो गोपाल मास्टर—हम लोगों के जुमापुर गाँव से अछिमुद्दिनपुर हाट जैसा दिखलायी पड़ता था... मान लीजिए आप जुमापुर के 'ठाकुर पोखरे' पर पूरब मुँह खड़े हैं और दूर दिखलायी पड़ रहा है—अछिमुद्दिनपुर हाट का काला-जंगल। वह पेड़, ठीक ऐसा ही टेढ़ा पेड़ उस रास्ते में भी था। और खजूर का जुड़वाँ-गाछ... आपको याद है? ...देखिए तो? बोलिए तो?

गोपालदा ने आँखों के ऊपर तलहथी रखकर दूर तक दृष्टि दौड़ायी और फिर अपनी आँखों को रगड़ा। फिर देखता ही रहा—ए की लीला?

—मैं कल से ही देखकर हैरान हूँ।

गोपालदा एक-डेढ़ मिनट तक चुपचाप खड़ा देखता रहा, फिर न जाने कैसे सबकुछ भूल गया। उसे लगा, वह जुमापुर गाँव के ठाकुर पोखरा पर खड़ा होकर अछिमुद्दिनपुर हाट की ओर देख रहा है। पीठ की ओर है 'ठाकुरबाड़ी'—काशीनाथ चटर्जी की ड्योढ़ी। ...गोपालदा अभी तुरत पाठशाला से लौटा है। कुछ जरूरी बातें करनी हैं। सेक्रेटरी (पिता ठाकुर) से। बाग्दीपाड़ा में पाठशाला खोलने की बात हो रही है और कादिर जमींदार का बेटा कासिम विरोध कर रहा है। लोगों को भड़का रहा है। पिता ठाकुर, अछिमुद्दिनपुर गये हैं, 'गोरूगाड़ी'(बैलगाड़ी) पर! ...टेढ़े पेड़ के पास 'गोरूगाड़ी' देखकर गोपालदा का कलेजा धड़क उठा था—पता नहीं, कमिटी में किसकी जीत हुई? पिता ठाकुर का कोई प्रस्ताव कभी नहीं गिरा। इस बार देखा जाय।

ठाकुरबाड़ी चबूतरे पर खड़ी पवित्रा पुकार रही है—गोपाल मास्टर, बाबा अब आ ही रहे हैं। यहाँ आकर बैठिए न...!

"गोपाल मास्टर, की होलो?"

"पाठशाला नहीं खोलने दिया तो... आमि हांगार-स्ट्राइक कोर्बो!"

"लेकिन, स्कूल की मंजूरी तो मिल गयी है। कल मकान बनानेवाला ठेकेदार भी आ रहा है।"

"कोथाय?... सालार बेटा साला कादिरेर बेटा कासिम, तार साला जालिम... आमि हांगार...!"

"क्या बक रहे हो मास्टर?"

"मैं बक रहा हूँ?"

अचानक, गोपाल मास्टर को किसी ने नबीनगर कॉलोनी के ऑफिस-घर के सामने लाकर पटक दिया। उसकी आँखों से आँसू की झड़ी लग गयी—ए की देखाले दीदी ठाकरुन? ...यह क्या दिखलाया तुमने? यह कैसे हुआ?

—सोचती हूँ, गाँव का रुख इस ओर कर दिया जाय। जैसा जुमापुर में था।

" 'आलबत्त' (अवश्य) बदल दीजिए।"

गोपाल मास्टर को इतनी बड़ी बात मिल गयी और वह चुपचाप खड़ा रहेगा? उसने जुमापुर के एक-एक निवासी को नाम ले-लेकर पुकारना शुरू किया—देखे जास-देखे जास—आकर यहाँ देखो—अपनी जननी जन्मभूमि की एक झलक—देखे जास!

छिदामदास, कालाचाँद घोष, हरेराम, हरिधन, राखाल विश्वास, हरलाल साहा, लखीकांत सरकार—सभी दौड़े आये—भूत-ऊत तो नहीं?

खेत-खमार से लौटे हुए और हाट-बाजार से आये हुए लोगों को गोपालदा चौरस्ते पर—कॉलोनी के बाहर ही—चेतावनी दे देता है—एक अद्भुत-व्यापार! दीदी ठाकरुन एक 'मजा' की चीज दिखलायेगी। ...चल! चल!!

पवित्रा ने कालाचाँद से भी उसी तरह खड़ा होने को कहा—हाँ, तुम एक बार आँखों को मूँदकर कल्पना करो कि तुम जुमापुर के ठाकुर पोखरे पर खड़े होकर अछिमुद्दिनपुर हाट की ओर देख रहे हो—सामने पूरब की ओर। फिर, आँखें खोलो। लो, आँखें बंद करो।

कालाचाँद हँसा—आँख मूँदने से क्या होगा? पैर जो इस 'पर-भूमि' पर है!

"तुम मूँदो भी। और, जैसा कहा है...।"

आँखें खोलकर कालाचाँद ने कुछ देर तक पूरब की ओर देखा और उसका चेहरा पीला पड़ गया। ...उसी जुड़वाँ खजूर के पेड़ पर चढ़कर उसने 'टीया' (तोता) के दोनों

बच्चों को उतारा था—राम-लखन का जोड़ा। ...अछिमुद्दिनपुर हाट का आलूचौप खाने के लिए वह घर से पैसे चुराकर हर 'हाटबार' को भाग जाता था। ...वह, वहाँ जो बगुल उड़ रहे हैं, वही है 'बीबी दीघी'—मछलियों से भरी हुई छोटी नदी। उसी के किनारे मुहर्रम का मेला लगता है। जंगल के उस पार अछिमुद्दिनपुर गाँव है। जंगल के पास वह... दरगाह है। उसी जंगल से, एक दिन हजारों लोग जुलूस बनाकर निकले थे। ...बंदे मातरम! बंदे मातरम!! महत्ता गाँधी की जै!

पवित्रा ने हँसकर पूछा—नारा क्यों लगा रहे हो?

कालाचाँद ने भरे गले से कहा—दीदी ठाकरुन, इस पर-भूमि में—

पवित्रा ने डाँट बतायी—फिर 'पर-भूमि' कहते हो?

—नहीं दीदी ठाकरुन! यह तो... सचमुच जुमापुर में ही हैं हम लोग। ...जुगीदा आप नहीं समझिएगा। बारिसाल का नहीं—जुमापुर गाँव की छवि देखना चाहते हैं जो—देखे जास, देखे जास!!

पच्चीस साल और इससे अधिक उम्रवालों ने उस दिन बार-बार जुमापुर गाँव की छवि देखी। अपने 'देश' की झलक!!

लखीकांत सरकार, मंसूर साहेब की दुकान में नौकरी करता था। रोज सुबह उठकर हाट की ओर जाने के पहले, पूरब की ओर देख लेता—ठाकुर-साँड तो नहीं हैं, उधर? ठाकुर-साँड लखीकांत को देखकर आगबबूला हो जाता था। लाल रंग का कोई कपड़ा नहीं—लीग के झंडे के लिए मंसूर साहेब की दुकान में गाँठ-के-गाँठ कपड़े आये थे। उसी कपड़े का कुर्ता, मंसूर साहेब ने अपनी दुकान के सभी नौकरों को बनवा दिया था। जिस दिन लखीकान्त उस कपड़े का कुर्ता पहनकर निकला, सदा शांत रहनेवाला ठाकुर-साँड उसे देखकर ऐसा बिगड़ा कि लखीकांत की जान पर बन आयी। ...किसी तरह उस दाहिनेवाले खजूर पर चढ़कर, दो घंटों तक वह लटका रहा...।

पंद्रह साल के लड़के-लड़कियों की बुद्धि में कोई बात नहीं आ रही!

इनमें से अधिकांश का जन्म भागते समय—खानाबदोशी की हालत में विभिन्न कैंपों में हुआ था—मालदह, कटिहार, पटना, बेतिया के कैंपों में। इसके बावजूद वे उन खुले खेतों की ओर, खजूर के पेड़ों को, काले जंगल को, लाल खपरैलवाले घरों की ओर टकटकी लगाकर देख रहे हैं... वह अछिमुद्दिनपुर क्यों होने लगा, वह परवाहा गाँव है। कल ही उस गाँव से बिस्कुट बेच आया है, अन्दू!

जुमापुर-निवासी शरणार्थियों को रात-भर नींद नहीं आयी—यह क्या दिखला दिया दीदी

ठाकरुन ने? रात के अंधकार में भी—वही झलक? हू-ब-हू अछिमुद्दिनपुर हाट की रोशनी! ऐसी ही झिलमिलाती हुई रोशनी!!

रात-भर, जब तक वे जगे रहे, जुमापुर में ही रहे। वहीं की याद, वहीं की चर्चा। किसी ने खाया—कोई यों ही लेटा रह गया।

रात के तीसरे पहर में, नींद के साथ सपने आये—सभी को।

सुबह में एक-दूसरे के सपने की बात सुनते और एक लंबी साँस छोड़कर चुप हो जाते। राखाल ने कहा, आज वह खेत पर नहीं जा सकेगा। रात-भर उसकी 'खुड़ी' (चाची) पुकारती रही है—ओ रे राखाल! को थाय गेलि रे!!

तीस जुमापुर-निवासियों में बीस स्त्री-पुरुषों ने उस दिन कोई काम नहीं किया। किंतु, फेरीवाले नौजवानों और किशोरों ने समय पर अपना काम किया—एक-दूसरे को पुकारकर बुलाया। नहाया-धोया और अपनी-अपनी झोली-टोकरी, कनस्तर और बक्से लेकर निकले—चल रे साढ़े आठ-टा बाजलो। ...गाड़ी फेल होने पर आज 'बस' नहीं है, फिर।

फेरी करनेवाले नौजवानों का 'दलपति' है—बिश्टू। ट्रेन में, चेकर और गार्ड से मिलकर, अपने साथियों के दुख-दर्द की कहानी सुनाकर, ट्रेन में फेरी करने का मौखिक 'औडर' लेना, बस के ड्राइवर और कंडक्टरों को खुश रखना और सामूहिक खर्च का हिसाब रखना बिश्टू का काम है। महाजन भी उसकी 'जामिन' (जमानत) माँगते हैं।

कॉलोनी से बाहर निकलकर उसे याद आयी, दीदी ठाकरुन ने बुलाया था। कोई चिट्ठी भेजनी है कहीं।

पवित्रा ऑफिस-घर में एकत्रित लोगों को समझा रही थी—काम पर नहीं जाने का क्या कारण? क्या मतलब? ...देखो, 'देश' की याद—अपनी जन्म-भूमि की याद करते-करते हमारा हृदय कुंठित हो गया है। किसी काम में जी नहीं लगता। हमें किसी चीज से प्यार नहीं—न यहाँ की धरती से, न यहाँ के लोगों से और न यहाँ के पशु-पक्षी से। किसी चीज पर विश्वास जमता ही नहीं। इसीलिए, भगवान ने सोचा कि चलो, इन्हें अपनी लीला दिखला दो ताकि ये यहाँ की मिट्टी को प्यार कर सकें, यहाँ के मनुष्य-सी प्रीति जोड़ सकें। जुमापुर और नबीनगर एक ही है...।

बिश्टू आकर चुपचाप खड़ा हो गया। पवित्रा बोली—नहीं बिश्टू! तुम जाओ। मेरा काम हो गया।

सभी चले गये। पवित्रा अपने काम का लेखा-जोखा लेने लगी—चार टेबुल-क्लाथ, दो आसनी, दो दर्जन गिलास ढँकने के नेट-कवर, पाँच बटुए! दो महीने का उत्पादन—बस इतना ही?

पवित्रा कॉलोनी-मेम्बर है। जिला-कॉलोनी-कमिटी के कई महत्त्वपूर्ण विभागों से

उसका संबंध है। हर महीने में एक बार उसे 'सदर' जाना पड़ता है। परसों आवश्यक बैठक है। वह चाहती थी, बिश्टू के हाथ एक पत्र भेजकर...।

...कालाचाँद की माँ फिर कहाँ आ रही हैं?

"क्या है काला की माँ?"

"कुछ नहीं। एक बात पूछने आयी हूँ।"

वह बैठ गयी, चटाई पर। पवित्रा ने पूछा—क्या बात है?

उधर, योगेशदास की बेटी सन्ध्या, दीदी ठाकरुन के सिखाए नये गीत का 'रियाज' कर रही है—देशे-देशे मोर घर आछे, आमि सेई घर खुजि मरिया...!!

कालाचाँद की माँ का रंग-ढंग देखकर पवित्रा समझ गयी, आज यह बूढ़ी सचमुच कोई गंभीर बात पूछने आयी है। ...कालाचाँद की माँ, 'ठाकुरबाड़ी' की नौकरी करती थी। पवित्रा के घर की बहुत-सी बातें जानती है। वह यह भी जानती है कि जुमापुर की विनाश-लीला के पीछे धर्म और जाति नहीं—क्योंकि, इलाके-भर के लोगों ने 'पिता ठाकुर' को एक दिन पूर्व तक विश्वास दिलाया था—आप निश्चिंत रहें। यहाँ कुछ नहीं होगा। काला की माँ ने ही बेतिया कैंप में चुपचाप बतलाया था—कासिम भाले की नोक पर 'विनोद' का कटा हुआ सिर लेकर सबसे आगे था। विनोद मुखर्जी। लखिमपुर के राय साहब विकास मुखर्जी का बेटा—जो 'पिता ठाकुर' के नाम अपने बाप का गुप्त संदेश लेकर आ रहा था। अथवा—उसके मन में जो बैठी हुई थी, उसी की सुधि लेने आ रहा हो। ...अछिमुद्दिनपुर हाट पर कासिम ने उसे देखा और भुलावा देकर अपने घर ले गया।

कालाचाँद की माँ बोली—दीदी ठाकरुन! एक बात पूछूँ? ...बुरा न मानियेगा। आप 'पढ़वा-पंडित' हैं। भूल-चूक हो—माफ कर दीजिएगा।

सबकुछ तो मिला। अपने देश का अन्न, 'चास-बास', माछ, 'तरी-तरकारी'—सबकुछ अपने जुमापुर गाँव में जैसा मिलता था—यहाँ भी मिलता है। हवा-पानी भी वही है। ...लेकिन, 'मन के मानुस' के जैसा... कोई यहाँ नहीं? मुझे माफ करना—दीदी ठाकरुन! ...तुमने एक बार कहा था—यहाँ भी सैकड़ों कासिम हैं।...

पवित्रा समझ गयी, कालाचाँद की माँ क्या कहना चाहती है। पवित्रा को लगा, कालाचाँद की माँ ने उसके हृदय के सबसे 'स्पर्श कातर' स्थल को छू दिया।

नबीनगर के आकाश पर, कौओं का एक झुंड बेतहर शोर मचाता हुआ—चक्कर मारने लगा।

पवित्रा ने अपने को सँभाल लिया। उसने मुस्कुराने की चेष्टा की—काला की माँ,

अचरज की बात! 'मन के मानुस' जैसा भी 'मानुस' है यहाँ। अपने मन की बात—आँखों में लिखकर, वह भी ले आता है। आँखों से ही जवाब उसे मिलता है...।

काला की माँ बोली—देखने में हू-ब-हू विनोद बाबू—जैसा है न? मैं बतलाऊँ? वह... वह 'खबर के कागज' का बाबू?

पवित्रा इस बार हँस पड़ी। कालाचाँद की माँ ने कहा—मैंने ठीक ही पकड़ा है? ...किंतु विनोद बाबू की तरह...माने...उसने कुछ कहा नहीं है? आपने...आपने...दीदी ठाकरुन, सब भगवान की लीला है। लेकिन, बात आँखों में...

"काला की माँ! सबसे अचरज की बात सुनोगी? विनोद की तरह हँसता-बोलता है, तुतलाता है। ...मिठाइयों में इसको भी सर्वप्रिय है—चन्द्रपुलि!"

"दीदी ठाकरुन! मैं तुम्हारे पाँव पड़ती हूँ। भगवान ने शायद उन्हें ही फिर भेजा है, मन की बात कहने के लिए।"

मन की बात तो वह कह चुका।

"तुमने क्या जवाब दिया, दीदी ठाकरुन?"

...तुम पागल हो गयी हो काला की माँ? तुम क्या चाहती हो, खोये हुए धन को पाकर—मैं फिर खो दूँ! ...मैं सिर्फ पवित्रा नहीं—मैं आग हूँ, मैं तलवार हूँ, मैं बर्छी हूँ, मैं-मैं...जहर हूँ...साँपिन हूँ...वह मुझे पाकर अथवा मेरे मन को पाकर कितनी देर तक ज़ी सकेगा? ...और, तुम लोगों को छोड़कर मैं कहीं जाऊँगी तो कितने दिनों तक—तुम लोग मुझे अपने दरवाजे से इस तरह ठेलकर बाहर नहीं फेंक देना! और...तुम...तुम काला की माँ—मेरी माँ हो! भगवान के लिए, फिर कभी ऐसी बात मुँह से न निकालना। वह...उसे यह बात...इस बात की भनक भी नहीं लगे...दुहाई...उसे जीने दो! नहीं तो, तुम लोगों को दीदी ठाकरुन...!

पवित्रा दहाड़ मारकर रो पड़ी।

कालाचाँद की माँ उसके उमड़ते हुए आँसू को पोंछते हुए खुद रो पड़ी। नहीं माँ! मैं तुझे अपने कलेजे से सटाकर रखूँगी। अपनी 'खुकुमणी' (बिटिया) को आँखों में बिठाकर रखूँगी। ...तुमी जे आमार प्राण!!

दिसम्बर, 1963

लफड़ा

उस बार 'युनिट' के 'प्रोडक्शन मैनेजर' ने मेरे ठहरने की व्यवस्था 'दि डायना गेस्ट हाउस' में की थी। इसके पहले मुझे खार स्टेशन के पास 'होटल सदाबहार' में टिकाया जाता था। इसलिए, नयी जगह के बारे में तरह-तरह के सवाल मुँह से अनायास निकलते गये और 'आफिस-ब्याय' गर्दन हिलाकर सभी सवालों के जवाब में 'हाँजी-हाँजी' कहता गया। बोला—"साब! डायना गेस्ट हाउस में भी 'इंडस्ट्री' का लोग सब रहता है। एक गोआनीज लेडी का है...।"

गोआनीज लेडी? याद आयी, होटल सदाबहार में रहते समय इस गेस्ट हाउस के किस्से सुना करता था। जब-जब हमारे होटल सदाबहार में कोई 'लफड़ा' होता, उस दिन कोई-न-कोई व्यक्ति 'डायना' की कोई नई कहानी जरूर सुनाता।

होटल सदाबहार में भी 'इंडस्ट्री' अर्थात् 'फिल्मइंडस्ट्री' के लोग ही रहते हैं। इसके प्रोप्रायटर बूढ़े सरदारजी और उनके लड़के, हर नये व्यक्ति को हर कमरे की विशेषता बतलाते समय, फिल्मी दुनिया की किसी बड़ी हस्ती का नाम लेते हैं—'म्यूजिक डिरेक्टर' रबिनदेव मजुमदार का नाम सुना है? जब पहली बार बंबई आया था, तो इसी कमरे में डेढ़ साल तक था और सुमंत कुमार जब आया था...।

यों, लफड़े तो सदाबहार होटल के भी एक से एक दिलचस्प हैं। लेकिन डायना गेस्ट हाउस के किस्से दिलचस्प होने के साथ 'हॉट' भी हैं।... गोआनीज लेडी का नाम लेते ही मेरी आँखों के सामने गर्मागर्म 'स्पाइस्ड-पोर्क' का एक प्लेट आ जाता है!

गेस्ट हाउस के सामने टैक्सी लगी। तीन-चार परिचित चेहरे एकसाथ दिखलाई पड़े और सभी एकसाथ किलक पड़े—"अरे! दादा? आप...कब आये?"

मुझे राहत मिली। सुना, यदुवीर भी इसी गेस्ट हाउस में रहता है। उसके दोस्त रामपाल ने कहा—"दादा! आपको क्या बताएँ? बगैर एक बार आपकी चर्चा किए यदुवीर कभी 'बेड-टी' तक नहीं लेता। और, इस बार आपको यहाँ ठहराने का इंतजाम उसी हरामजादे ने करवाया होगा। वह बोलता था—दादा को एक बार इस गेस्ट हाउस में जरूर टिकाना होगा...।"

इन परिचितों की कृपा से मुझे इस नई जगह में आकर कोई प्रारम्भिक परिश्रम नहीं करना पड़ा। सचमुच गेस्ट की तरह बैठा रहा। रामपाल दौड़कर गया और दो-तीन

'मूरत' को साथ ले आया। कमरे की सफाई से लेकर बाथरूम की धुलाई तुरत हो गयी। रामपाल ने हर 'मूरत' का परिचय दिया—"दादा! यह है गफूर। यह रामदास और यह दास गुप्ता। हाँ, बंगाली दास गुप्ता। ये सभी आपके 'बंदे' हैं। सभी साले 'चाइल्ड-हीरो' बनने के लिए घर से भागे थे और अब... दादा! अब आप आ गये हैं। कसम खुदा की—आपको रोज एक नया प्लॉट मिलेगा यहाँ।... अभी तो आप हमारी 'मैडम' से मिले ही नहीं।"

बाहर एक तीखी और पतली आवाज गूँज उठी। रामपाल ने दाँतों से जीभ काटते हुए कहा—"आ गयी! आ गयी चुड़ैल!"

नीले रंग के स्कर्ट में एक नाटी, काली और मोटी महिला दरवाजे पर प्रकट हुई, और अचरज से मुझे देखने लगी। फिर रामपाल पर बरस पड़ी—"तुम? तुम इदर में कहाँ? नया गेस्ट के पास हमारा चुगली खाने आया है? इडियट! ठहरो, आज तुमको निकालेगा। अब्बी निकालेगा...।"

रामपाल ने आज्ञाकारी पुत्र की तरह मुखमुद्रा बनाकर कहा—"मैडम! क्या बोलता है आप? हम अभी पेट-भर बैदे की भुर्जी और बटाटा-फ्राय खाया है, तुम्हारा चुगली किस पेट में खाएगा? पूछ लो, दादा को इस 'गेस्ट हाउस' में लाया कौन? मैडम, हम तुम्हारा भला छोड़कर कभी बुरा नहीं किया। और, तुम...।"

मैडम तुरत खुश हो गयी। बोली—"अरे नहीं बेटा। तुमको हम खूब पहचानता है। ...बोलो ना, तुम्हारा यह नया गेस्ट.. यह दादा किदर से आया है?"

रामपाल ने जवाब दिया—"आप हैं हमारे दादा। स्टोरी और डायलॉग लिखते हैं। खुदा कसम, ए फर्स्ट क्लास जैंटलमैन...।"

"रखो तुम्हारा खुदा कसम। अरे, जब आता है, तो सभी फर्स्ट क्लास जैंटलमैन होता है।"—मैडम बोली—"मगर, तुम लोग सबको बिगाड़कर छुट्टी कर देता है। एकदम 'थर्ड क्लास' कर देता है।"

इस बार रामपाल के तेवर बदल गये—"मैडम प्लीज बी सीरियस! दादा तुम्हारे इस 'रेचेड गेस्ट हाउस' में आ गये हैं तो इसका मतलब नहीं कि...।"

"अरे बेटे! गाली काहे कूँ बकता है? हम तो 'लव' में बोला और तुम बोम मारने लगा।" —मैडम अब खुशामद के सुर में बोलने लगी—"दादा! आपका यह रामपाल... हि इज ए चाइल्ड... लड़का है एकदम।"

बाहर, फटी हुई आवाज में किसी ने पुकारा—"मैडम!"

मैडम ने सिर पकड़कर कहा—"यह कुत्ता का बच्चा इदर में किदर से काहेकूँ आ गया? जरूर ड्रंक है।"

मैडम बाहर चली गयी। मुझे मुस्कुराते हुए देखकर रामपाल उत्साहित हुआ—"दादा,

आप आ गये हैं। कसम खुदा की, आप खुश होकर लौटिएगा इस बार बंबई से!... ठहरिए, मैं यदुवीर को फोन करता हूँ। साला आजकल 'वेरी बिजी हीरो' के साथ लगा हुआ है।"

मैंने पूछा—"और तुम?"

"अप्पन तो वही 'हैपी वैली' साहब का साथ है। 'दर्द का दरिया' में फर्स्ट असिस्टेंट लगा हुआ हूँ।... अभी आया दादा। आप तब तक नहा-धो लीजिए। बाथरूम में जाइएगा, तो कमरा अंदर से बंद कर लीजिएगा।"

रामपाल चला गया। मैं नहाने की तैयारी में लग गया। कंधे पर लुंगी-तौलिया और हाथ में साबुनदानी लेकर दरवाजा बंद करने जा रहा था कि मैडम आयी—"दादा, एक्सक्यूज मी, डिस्टर्ब किया आपको। लेकिन...।"

वह इधर-उधर देखकर मेरे करीब चली आयी। फिर धीरे-से बोली—"यह रामपाल को तुम कितने दिन से जानता है?... बस? दो साल से? यों लड़का अच्छा है। मगर, मैं कहती हूँ—थोड़ा 'केयरफुल' रहना। यहाँ किसी का भरोसा नहीं। डोण्ट बिलीव एनीबडी। तुमको फुर्सत में बतलाएगा... दे आर वेरी डर्टी! अच्छा दादा, तुम ड्रिंक तो नहीं करता? हाँ, खबरदार...।"

बाहर फिर किसी ने पुकारा—"मै-ड-म।"

मैडम ने मुँह बनाकर कहा—"इदर सभी शैतान हैं मगर मैं भी शैतान का खाला है। मेरे पास कोई लफड़ा नहीं। अब्बी गड़बड़ किया कि अब्बी गेट आउट किया। तुम इनकी बात में नहीं आना। सब डेंजरस है। फुर्सत में तुमको सब बतलाएगा..."

बाहर यदुवीर का ठहाका सुनाई पड़ा। मैडम बोली—"यह आया दूसरा शैतान का बच्चा। वो रामपाल है न, फिर भी अच्छा है। यह यदुवीर... तुम जानता है उसको? कब से?... ओह, बहुत गंदा बहुत...।"

"क्यों मदर? दादा से पुराना रिश्ता है क्या?"—यदुवीर के ठहाके से कमरा हिलने लगा।

मैडम बोली—"देख यदुवीर! हमेशा 'मस्करी' ठीक नहीं। तुम इस तरह पागल का माफिक हँसता क्यों है?"

"मदर...!"

"फिर मदर बोलता है?"

"मदर नहीं तो क्या बोलेगा? ग्रैंड मदर?"

"अब्बी निकालेंगा...।"

"किसको?"

"तुमको।"

"देखता हूँ कौन निकालता है किसको!"

"हम निकालेंगा—हम। पाँच महीने का रेंट बाकी पड़ा है। ऊपर से वीकली दस-पन्द्रा कर्जा खाता है रेगुलरली... लाज नहीं?"

"काहे की लाज?"

"तुम दिन में भी ड्रिंक करने लगा?"

"ड्रिंक किया तो किसी के मरे हुए खसम का क्या?"

"अब्बी निकल जाओ?"

"नहीं निकलेंगे!"

"नहीं?"

"नहीं निकलता।"

"नहीं?"

"नहीं। नहीं। नहीं!"

"माई गॉड...!"

मैडम सिर पीट-पीटकर रोने लगी। पैर पटक-पटककर नाचती, न जाने किस भाषा में क्या-क्या बोलने लगी।

मैंने अवाक् और अप्रसन्न होकर यदुवीर की ओर देखा। यदुवीर अप्रतिभ नहीं हुआ। उसने आँखें मटकाकर मुझे संकेत किया—"मजा देखिए ना।"

मैडम कमरे से बाहर चली गयी, तो यदुवीर फिर ठठाकर हँस पड़ा। मैंने कहा—"यह कहाँ आ गया मैं?"

"दादा, आपको यहाँ ठहराने की व्यवस्था मैंने ही करवाई है। एक सप्ताह ही रहकर देख लीजिए...।"

रामपाल हँसता हुआ आया—"चूतिए! देखना मैडम आज तुमको निकालकर ही पानी पीएगी। कह रही है, नया गेस्ट के सामने हमारा इनसल्ट किया, हमारे मरे हुए खसम का नाम लिया।... रो रही है, ऑफिस का दरवाजा बंद करके।"

"मारो साली कुतिया को।"—यदुवीर ने बिछावन पर लुढ़कते हुए कहा—"और बतलाइए दादा...।"

बांद्रा के 'दि डायना गेस्ट हाउस' की मालकिन, अधपगली गोआनीज मोटी मेम को बांद्रा से खार तक का बच्चा-बच्चा जानता है। राह चलते बड़बड़ाती रहती है। 'तंदुरी चिकन' कहने से बेहद चिढ़ती है। छोटे-छोटे बच्चे 'तंदुरी चिकन' कहकर गली में भाग जाते हैं और मैडम मोड़ पर खड़ी होकर गालियाँ सुनाती रहती है—"तेरी मदर तंदुरी चिकन, तेरा बाप तंदुरी चिकन...।"

उसी शाम को यदुवीर ने नया तमाशा दिखाया। दिन-भर की रूठी और नाराज मैडम को चुटकी बजाकर खुश कर दिया। यदुवीर ने बड़े प्यार से 'हैलो मैडम' कहा और वह रोने लगी—"नहीं, नहीं, हम तुमसे नहीं बोलेंगा। नहीं...।"

"मैडम! डियर... डार्लिंग... मेरी सुनो...।"

"कुच्छ नहीं सुनेंगा।... हम तुमसे 'लव' में बात किया और तुम नया गेस्ट के सामने हमको गाली बोला। नहीं-नहीं...।"

चौबीस घंटे में ही मेरा सिर बार-बार चकराने लगा।—मैं कहाँ आ गया। पागल हो जाऊँगा यहाँ...।

डायना गेस्ट हाउस बाहर से जितना नया और साफ-सुथरा दिखाई पड़ता है, अंदर से उतना ही पुराना और गंदा है। लकड़ी की खिड़कियाँ और रंगीन टाइल के इस मकान की उम्र एक सौ साल से कम नहीं होगी। सब मिलाकर बीस बड़े और पाँच छोटे कमरे हैं। बड़े में चार और छोटे में दो गेस्ट रहते हैं। हर कमरे के बीच में लकड़ी का एक पार्टीशन और दरवाजा है जो दोनों ओर से बंद रहता है। हर कमरे के बाथरूम का फ्लश बिगड़ा हुआ है और झरना हमेशा चूता-टपकता रहता है। तेलचट्टों की टोलियाँ दिन-रात टहलती रहती हैं। दीवारों के पलस्तर छूते ही झरझराकर झड़ने लगते हैं। पलंग पर खटमलों का और कमरों में मच्छरों का राज। किचन तो 'हेल' ही है। फिर भी, यहाँ रहनेवाले गेस्ट को हमेशा एहसास होता है कि मैडम की विशेष कृपा यानी एहसान से ही उन्हें यह जगह मिली है।

मैडम फिल्मी लोगों से घृणा करती है। कहती है—"एक आदमी होता है शराबी, कोई होता है छोकरीबाज, कोई जुआड़ी। अलग-अलग आदमी में अलग-अलग ऐब। मगर यह फिल्म का आदमी एक ऐसा जानवर होता है जिसको सिंग भी होता है, जहरीले दाँत भी, तेज नाखून और हाथी के जैसा सूँड भी... आई हेट... आई हेट...।"

लेकिन उसकी घृणा के बावजूद उसके गेस्ट हाउस के हर कमरे में हमेशा फिल्मी लोग ही रहते हैं और रहेंगे। मैडम रोज शराब के खिलाफ हर गेस्ट के कमरे में जाकर भाषण और चेतावनी देती है—"नो वाइन एण्ड नो वीमन... दारू भी नहीं, छोकरी भी नहीं।" और रोज शराब भी आती है और लड़कियाँ भी। खुद मैडम शराब पीती है और उसके लिए एक अधेड़ आदमी हर शनिवार को आता है जिसको ऑफिसवाले कमरे में बंद करके मैडम खुद छोकरी हो जाती है। सभी जानते हैं...!

उस रात रामपाल और यदुवीर दोनों रेस में हारकर लौटे थे। इसलिए टैक्सी से उतरकर सीधे मैडम के पास हाजिर हुए। रामपाल ने गिड़गिड़ाते हुए कहा—"मैडम! हमारी जान आज तुम्हारे हाथ! बाहर टैक्सी में 'छोकरी' का मवाली बैठा हुआ है। प्लीज मैडम...।"

"क्या-आ-आ? छोकरी लेकर आया है?"

"नहीं मैडम।"—कान पकड़ते हुए रामपाल ने कहा—"ऐसा काम हम कभी नहीं करेंगे।"

"तब?"

"उधर ही 'खलास' करके आया।... मैं समझा कि यदुवीर साले के पास पैसा और यदुवीर समझा कि रामपाल साले के पास पैसा होगा...।"

"एक ही छोकरी था या दो?"—मैडम ने दिलचस्पी के साथ पूछा।

"नहीं मैडम! एक ही...।"

"गेट आउट...।"

"मैडम! मवाली टैक्सी में बैठा है। हमारी जान ले लेगा। खुदा की कसम..."

"और तुम?"—मैडम ने यदुवीर की ओर मुड़कर कहा—"तुम चुप काहे कूँ है। अब बोलता क्यों नहीं? एँ? उदर में छोकड़ी के साथ ऐश करके आया है। इदर में अब बाहर जाकर मवाली के जूते खाओ ना।... ठीक है, अच्चा है!"

यदुवीर बोला—"तुम यहाँ लाने ही नहीं देती मैडम!"

"हम तुमको कब मना किया? बोलो? मना किया कबी? कसम खाकर बोल—तुमको कबी बोला...?"

बाहर टैक्सी का कर्कश हॉर्न बजा।

रामपाल हाथ जोड़कर गिड़गिड़ाया—"मैडम प्लीज!"

"कितना माँगता है?"

"दो सौ।"

मैडम चीख पड़ी—"ऊ-य-हू! टू हंड्रेड? एक कुतिया के वास्ते—हंड्रेड रूपी पर हेड? माई गॉड... बेटे रामपाल, बेटे जदबीर! तुम दोनों का जवाब नहीं। जवाब नहीं।... कैसी थी छोकरी?"

"मैडम, पहले मेहरबानी करके रुपये दो। फिर सबकुछ बताऊँगा। सबकुछ...।"

मैडम ने यदुवीर की ओर देखकर नाक सिकोड़ते हुए कहा—"तुम लोगों को नरक में भी जगह नहीं मिलेगी। समझे?"

सौ-सौ के दो नोट रामपाल के हाथ में थमाकर मैडम बोली—"आइ हेट यू बोथ... तुम दोनों को कल ही यहाँ से निकालेगा। देख लेना। गेट आउट।"

सुना, रामपाल और यदुवीर ने ऐसा नाटक बहुत बार किया है। और हर बार मैडम ने इसी तरह की धमकियों के साथ कर्ज दिए हैं।

एक दिन यदुवीर ने कहा—"आज आपको यहाँ का 'सिनेमास्कोप' दिखलाऊँगा। आज शनिवार है न?"

"सिनेमास्कोप?"

वे दोनों एक ही साथ हँसे। रामपाल ने फिसफिसाकर यदुवीर से कुछ पूछा। यदुवीर ने बताया—"तीन-तीन पेयर का प्रोग्राम है आज। दसर नम्बर—फ्लूट बनाने वाले बंगाली फटिक की पंजाबन भी आज आयेगी। चार नम्बर—जवान सरदार की बुढ़िया... और आठ नम्बर में तो आज 'कोरस'...।"

यदुवीर बोला—"और साली मदर का साला फादर भी तो आज ही आयेगा!"

एक बोतल काजू की शराब और कई बोतल कोला लेकर छोकरा दास गुप्ता आया। रामपाल ने कहा—"दादा, कसम खुदा की—इसके सामने स्कॉच भी कुछ नहीं। साली पहला 'किक' ही ऐसा जमकर लगाती है कि आदमी सीधे 'आउटर-स्पेस' में पहुँच जाता है।"

दास गुप्ता छोकरा आँखों में कोई संकेत लेकर आया। यदुवीर ने गटगटाकर गिलास खाली किया और उठकर दरवाजा बंद कर आया। फिर बीचवाले लकड़ी के दरवाजे के पास जाकर बैठ गया।

रामपाल ने धीमे स्वर में पूछा—"क्यों? चालू है? साला, इतना 'अर्ली' ही शुरू कर दिया इस भूखे बंगाली ने?"

रामपाल गिलास हाथ में लिये ही यदुवीर के पास गया। यदुवीर को ठेलकर, खुद छेद में आँखें सटाकर देखने लगा। फिर दोनों ने इशारे से मुझे बुलाया। मैंने सिर हिलाकर कहा—"नहीं।" दोनों ने ऐसी मुद्रा बनाई जिसका मतलब था—"एक बार आकर देखिए तो! ऐसा 'शो' फिर कभी देखने को नहीं मिलेगा।"

अचानक कमरे का दरवाजा कचमचाकर खुला। कमरे में मैडम दाखिल हुई। दोनों पार्टीशनवाले दरवाजे के पास उठ खड़े हुए। मैडम ने पहले अचरज से हमें बारी-बारी से देखा। फिर बगैर कुछ बोले पार्टीशनवाले दरवाजे के पास घुटने के बल बैठ गयी और छेद से देखने लगी। अचानक वह छिटककर फर्श पर लुढ़क गयी। ऐसा लगा, बिजली मार गयी। रामपाल और यदुवीर ने दौड़कर मैडम को सँभाला। मैडम दोनों के बाँह में अधलेटी-सी थर-थर काँप रही थी और बोलने की चेष्टा कर रही थी—"माई गॉड... यह बीमार बंगाली जरूर मरेंगा। देखा नहीं, छोकरी ने 'पलटपोज' लगाया है। यह जरूर मरेंगा। देख लेना। अब्बी निकालेंगा उसकू...।"

यदुवीर और रामपाल, दोनों एक साथ मैडम को प्यार-भरी खुशामद किए जा रहे थे—"मैडम! प्लीज... डोन्ट डिस्टर्ब... 'शो' बर्बाद मत करो... मरने दो साले को... तुम्हारा क्या, हमारा क्या... डार्लिंग... तुम कितनी अच्छी हो।"

जून, 1972 □□